U0369043

世界经典名车译丛

# 汽车制造不神秘
# 迷你设计制造深度揭秘

【英】克里斯·兰德尔（Chris Randall） 编著

祝加琛 于君华 译

机械工业出版社

CHINA MACHINE PRESS

制造一辆现代化的汽车是一件让普通读者感到非常神秘的事情，而且整个过程也是非常复杂的，需要大量的财力、物力和人力的支撑，最后还必须致力于达到相当高的品质，让消费者有购买的欲望。

本书通过作者走进迷你牛津工厂，向读者展示了一辆现代化的汽车是如何被设计制造出来的。书中主要介绍了迷你的相关历史、设计和研发过程，包括白车身、喷漆、组装、测试、质量控制和最终完成下线的制造全流程，以及牛津工厂的历史及目前工厂的设施和布局，并展望迷你未来的发展及制造工艺等内容。此外书中还附加了迷你的多款型号和性能参数介绍。

本书适合汽车爱好者、车主及相关汽车从业人员阅读使用。

Building a Mini/ISBN: 978-1-78521-112-6

Originally published in English by Haynes Publishing under the title: Building a Mini written by Chris Randall, © Chris Randall 2017.

This title is published in China by China Machine Press with license from Haynes Publishing. This edition is authorized for sale in China only, excluding Hong Kong SAR, Macao SAR and Taiwan, Unauthorized export of this edition is a violation of the Copyright Act. Violation of this Law is subject to Civil and Criminal Penalties.

本书由 Haynes Publishing 授权机械工业出版社在中国境内（不包括香港、澳门特别行政区及台湾地区）出版与发行。未经许可之出口，视为违反著作权法，将受法律之制裁。

北京市版权局著作权合同登记　图字：01-2017-9168 号。

**图书在版编目(CIP)数据**

汽车制造不神秘：迷你设计制造深度揭秘/（英）克里斯·兰德尔（Chris Randall）编著；祝加琛，于君华译．—北京：机械工业出版社，2020.5

（世界经典名车译丛）

书名原文：Building a Mini

ISBN 978-7-111-65368-4

Ⅰ.①汽… Ⅱ.①克…②祝…③于… Ⅲ.①汽车—生产工艺—普及读物 Ⅳ.① U469-49

中国版本图书馆 CIP 数据核字 (2020) 第 062504 号

机械工业出版社（北京市百万庄大街22号　邮政编码100037）

策划编辑：李 军　　责任编辑：李 军　丁 锋

责任校对：郑 婕　　责任印制：张 博

北京铭成印刷有限公司印刷

2020 年 7 月第 1 版第 1 次印刷

184mm×260mm · 9.5 印张 · 2 插页 · 334 千字

标准书号：ISBN 978-7-111-65368-4

定价：68.00元

电话服务　　　　　　　　　　网络服务

客服电话：010-88361066　　机 工 官 网：www.cmpbook.com

　　　　　010-88379833　　机 工 官 博：weibo.com/cmp1952

　　　　　010-68326294　　金 书 网：www.golden-book.com

**封底无防伪标均为盗版**　　机工教育服务网：www.cmpedu.com

# 序言

人们经常谈论汽车的"DNA"，我毫不怀疑今天制造的迷你汽车一直流淌着1959年到1968年间经典迷你的血液。

一辆紧凑型汽车，充分利用内部空间，车内外充满了各种设计元素，并且给人一种驾驶卡丁车的感觉，所有一切都让人们对经典迷你留下来的遗产更加尊敬。我们今天所拥有的不仅仅是一辆外观特别并且设计先进的汽车，而且是一辆你仍然能感觉到、摸到、看到并且体验到其原始内涵的汽车。迷你在长时间的进化发展中一直没有忘记原来的血统，这做起来并不容易。事实上，我可以负责任地说这是非常罕见的——至少是在汽车领域。

每个喜欢迷你的人都有自己何时开始迷恋这辆车的故事。我大概是在七八岁时开始喜欢迷你，当时我住在瑞士苏黎世，我家隔壁住着一位漂亮的女士，她就开着一辆漂亮的经典迷你。我记得自己常常坐在窗前看着街道，期待下一时刻这辆迷你从路上呼啸而过。

从那时起，我就对这辆小汽车着了迷，几年后我进入工程领域求学。在组装中心度过了很长的职业生涯后，现在我负责监督迷你斯温登和牛津工厂的生产活动，这两个地方，我们称之为"迷你的心与家"。

迷你牛津工厂是世界上最古老的量产车制造厂之一，它在英国几乎具有神话般的地位——在这里工作能够给你一种真正的自豪感。当你看到这里的时候，迷你牛津工厂已经制造出了超过300万辆迷你。这就是一个奇迹，参与其中的任何人都可以引以为傲。

我们有一支坚定的团队，他们对工厂以及品牌充满热情。他们都有共同的历史感，很多家庭的好几代人都在这里工作。当然，宝马公司对这里投资很大，带来了最先进的生产设备。但是没有一个专注的、高效的团队，就不可能取得这些成就。

所有的工序都很重要，没有一道工序比别的更重要。为了制造出最高质量的汽车，必须做好所有的一切。但是如果你问我最喜欢哪道工序，我只好说是一辆成品车从生产线上下来的那个工序。那绝对非常吸引人——不管看多少次！

我知道克里斯·兰德尔一直和我们的团队紧密合作，也许这是有史以来对牛津工厂和迷你是如何设计制造的介绍最深入、最详细的一本书。

我希望你们能喜欢这本书，喜欢的程度至少要达到我喜欢这辆车的一半！

**迷你英国工厂总经理 弗兰克·巴赫曼**
2017年4月

# 致谢

坦白说，根本不知道该从哪里开始写起，因为当我开始写作，开始了解牛津工厂时，很多人都花费大量时间和精力给予了我莫大的帮助。首先我要感谢那些从本书一开始到最终完成的过程中提供巨大帮助的交流团队。特别感谢史蒂夫·雷顿，没有他不知疲倦的工作和热情，这本书根本不可能出现；他的很多帮助已经超出了职责范围。我还必须感谢莎拉·希尼以及她团队的所有人。当然也不能忘了总经理弗兰克·巴赫曼，是他允许我进入工厂参观拍照。

牛津工厂、斯温登工厂和海姆斯霍尔发动机工厂内的很多人都提供了很多帮助，慷慨地与我分享他们的知识，他们包括罗斯林·福代斯、亚历克斯·麦肯齐、亚当·布鲁姆霍尔、加雷思·戴维斯、格雷格·丹顿、吉姆·尤斯塔斯、凯特·伯德、罗杰·纽曼、史蒂夫·普罗塞、克里斯·布朗里奇、汤姆·本内特、金伯利·拉古西斯、妮可·普林兹、詹姆斯·卢克斯、戴夫·莫里亚蒂、查尔斯·塞尔伍德、马丁·塞本、蒂姆·科尔曼、韦恩·贝瑞、杰里米·斯托尔、保罗·里克特、罗伯托·博纳西萨、汤姆·费斯塔、贾戈达·斯塔西亚克、尼克·迪尔和亚米娜·普佩克。我知道这不可能包括所有人，因此对那些名字没有出现的人报以诚挚的歉意，感谢你们的投入和付出。还需要补充一点，我已经尝试尽可能地表达出最初的意思——任何错误都由我一个人来承担。

我还要感谢成千上万在牛津工厂奉献的工人，我要为我的多次来访而道歉。当然，要不是海恩斯出版社的史蒂夫·伦德，我也没有机会写这本书。史蒂夫不仅提供了很多帮助和指导，而且当我有疑问时给予了我坚定的信念。

最后但并非最不重要，我要感谢妻子丽贝卡。在繁忙的工作中，她一直在我身边。没有她坚定不移的支持和鼓励，这本书也是无法完成的。

克里斯·兰德尔
2017年6月

# 引言

海恩斯出版社在50多年的时间里出版了许多介绍汽车结构和修理的书籍，而且我也有幸参与了其中一小部分，但这本书却与以前相比有些不同。为什么呢？因为这本书讲的并不是将一辆车分解，而是将它作为一个整体来研究。

打造一辆现代汽车是一件令人兴奋的事，但整个过程也是非常复杂的，需要大量的财力、物力和人力，最后还必须致力于达到相当高的品质，让消费者有购买的欲望。我想要弄清楚这是怎样做到的，并将信息分享给读者，让他们知道在一座世界上最先进的汽车工厂里到底发生了什么。在进入工厂后，工作人员允许我观察生产过程的每个方面，以及采访让这些发生的每一位技艺高超的工程师。这就是牛津迷你制造厂，它在超过100年的时间里一直是英国汽车工业的"心脏"，曾经制造出许多经典车型。牛津是一座以大学闻名世界的城市，此外还有一个汽车品牌吸引了全世界的爱好者慕名前来参观，它就是迷你（MINI）。

为什么会选择迷你呢？好吧，你只需要看一下公路上迷你的数量就能意识到这辆车是多么受欢迎，仅仅三年时间它的产量就超过了50万辆。随着受欢迎程度越来越高，它的销量也在不断增长，事实上，在本书写作的时候，它的产量大约为1000辆/天。这就让我们产生了很多疑问，如此受欢迎的迷你到底是怎样的呢？

迷你的受欢迎程度并不是一直如此，回到1994年宝马公司决定收购遇到困难的罗孚集团（迷你品牌的所有者）的时刻，行业观察者都在担心这家成功的德国公司会如何照顾好迷你这个英国最受欢迎的品牌之一。随后人们看到了答案，2001年宝马公司将罗孚卖

↓ 2001 年，迷你在牛津工厂重新开始生产。这是牛津工厂下线的第一辆现代迷你汽车，每一位参与制造的工作人员都显得非常骄傲和自豪。

↑ 牛津工厂的产量大约为 1000 辆 / 天，很多完工的迷你汽车正等待交付到顾客手中。

人们。海恩斯出版社第一次告诉我想要写这本书是在 2015 年秋天，当时我就激动不已，没等他问第二遍就立刻答应。作为一个喜欢了迷你 40 多年的人，并且曾经驾驶和修理过经典迷你，能够参与现代迷你的制造一直是我从未放弃的梦想。想法固然很好，但如何说服宝马公司成为我们的难题，我们设想用各种方法来求对方。但事实上是我们想多了，在与宝马公司的人员第一次会面后，他们和我们一样对这个想法感兴趣。

接下来的一段时间，宝马公司很快做出回应，表示非常支持我们的计划，并愿意提供给我们一切想要的帮助。我向宝马公司解释只是想粗略看一下幕后的工作，结果宝马公司允许我们参观牛津工厂的各个方面，并允许我们采访很多重要的工作人员。尽管请求参观牛津工厂的杂志社和电视台很多，更不用说我们的关注点是汽车制造这个相当复杂的过程，但他们还是答应了。从那时起，我接触的每一位宝马公司和牛津工厂的工作人员都承诺尽最大努力帮助我们完成这本书的写作，对此我非常感激。

尽管我很幸运这些年来参观了很多汽车制造厂，但从未有像参观牛津工厂这么详细的，更不用说访问到了如此多的、熟练的工作人员。如果你认为只需要将几个零件组装起来就能看到一辆车行驶出车间大门，那么你就错了。我们之前从未为了写一本书而进入一家汽车工厂，所以写作中会出现很多挑战，但是我们希望读者阅读这本书时能有和我们写作时一样的乐趣。

给了一个私人财团，紧接着它们就推出了全新迷你。人们的怀疑立刻被对新车的热情冲走，新车仍然保留着原来的经典造型。亚历克·伊斯哥尼斯爵士的传奇经典迷你在 21 世纪获得了重生。如果有人怀疑宝马公司是否真的理解迷你这个品牌，这辆车就是最好的回应。

尽管迷你的技术部分非常引人注目，但令我着迷的并不是这里，我想要知道的是对迷你的理解和悉心照顾，也许更重要的，是让这一切变成现实的

# 目录

# 第1章 迷你的故事

迷你之父亚历克·伊斯哥尼斯，他旁边是一辆经典迷你，这辆车问世于1959年，总产量超过500万辆。

尽管本书主要介绍现代迷你，但这里需要花点时间来介绍其历史背景。迷你的发展故事本身就非常引人入胜，本书如果不首先介绍一下迷你的创造者将是不完整的。当然本书主要还是介绍现代迷你，而这里就是迷你一切的开始。

## 迷你的创造者和历史

### 亚历克·伊斯哥尼斯

亚历克·伊斯哥尼斯全名亚历山大·阿诺德·康斯坦丁·伊斯哥尼斯，他出生于土耳其。1922年，他和母亲赫尔达·普罗科普（据说她与当时负责收购罗孚集团的宝马老板贝恩德·皮舍茨里德有一些联系）一起来到英国，并进入巴特西理工学院学习工程。到1936年，他已经成为一名很有天赋的工程师，并加入了莫里斯汽车公司成为一名设计师。他负责设计了莫里斯Minor轿车，这辆车也是英国第一种销量超过100万辆的汽车。后来他又来到阿尔维斯公司，负责车辆和发动机设计工作。

1955年，他迎来了事业上的关键时刻，当时BMC（英国汽车公司）的伦纳德·洛德找到他并希望他能为公司设计一款新车型。新车研制的计划被苏伊士危机（第二次中东战争）和随后的石油危机打断，这导致BMC公司将注意力转移到更小、更经济的紧凑型轿车上，而伊斯哥尼斯则交出了迷你这个完美的答案。

伊斯哥尼斯很聪明，但也很固执，不喜欢听取建议，有一样东西他特别讨厌，那就是"不必要的大"。他认为最完美的方法是让车长在10英尺（3048毫米）以内，但可以容纳4个人，车辆的80%都是乘客空间。这需要一些巧妙的工程设计才能实现，尤其是前置驱动以及将变速器放置在油底壳上的横置发动机布局，而迷你的爱好者一直都很享受这样的结果。

后来伊斯哥尼斯被晋升为技术总监，除了迷你他还负责监督研制大型奥斯汀1100和1800，但后来由于公司出现分歧他被排除在核心圈之外。1969年他被封为爵士，随后在1971年离开了英国利兰。

### 伦纳德·洛德

洛德在英国考利的莫里斯公司中扮演了关键角色，他在第一次世界大战期间在霍奇斯基公司（生产大型机枪）工作，霍奇斯基公司就是莫里斯汽车公司的前身。到1933年他已经成为莫里斯汽车公司的总经理，并积极参与了考利工厂的现代化改造，利用量产技术生产汽车。后来他与威廉·莫里斯产生激烈的争吵，不久便辞职了。1938年他进入了奥斯汀汽车公司，并在那里参与建设了长桥工厂。1952年，奥斯汀和莫里斯公司合并成为BMC（英国汽车公司），两年后洛德就成为BMC公司的总经理，并很快找到伊斯哥尼斯要求他帮助研制新型汽车。

## 赫伯特·奥斯汀

1882年，年仅16岁的奥斯汀来到澳大利亚，正式开始了他在工程领域的职业生涯。当时他为沃尔斯利剪羊毛公司工作，不久就返回英国伯明翰为公司成立了一家工具制造厂，同时他也对汽车产生了浓厚的兴趣。尽管他很快就成为沃尔斯利工具和汽车公司的总经理，并监督生产了一些早期的汽车，但他仍然热切追求自己的理想。随着对沃尔斯利公司的发展方向越来越失望，他在1905年成立了奥斯汀汽车公司，并在长桥建立了汽车制造厂，这个地方后来成为很多英国最畅销汽车的诞生地。奥斯汀于1941年去世，过了很长一段时间后，他的名字出现在了美丽的迷你汽车身上。

## 宝马收购前的历史

苏伊士危机造成的石油短缺迫使很多汽车制造商研发更经济的汽车，其中一个结果就是"泡泡车"。它价格便宜并且油耗非常低，但BMC公司总经理伦纳德·洛德并不喜欢它们，并想要公司研制一款合适的替代车型。1957年，亚历克·伊斯哥尼斯带领研发团队开始了研发工作，团队成员包括杰克·丹尼尔斯（伊斯哥尼斯此前在莫里斯公司的同事）和克里斯·金汉姆（来自阿尔维斯公司的合作者）以及其他几名工程师。新车最初的编号是XC9003，后来改成了现在人们熟知的迷你。

新车型的紧凑尺寸在项目初期就已经确定，伊斯哥尼斯规定新车的总长度不能超过10英尺（3048毫米），发动机不能超过2英尺（609.6毫米），这

就意味着发动机必须横向安装；他还规定必须用现有的发动机，这导致采用了0.848升排量A系列发动机，他们认为这台发动机完全有能力为新车提供充足的动力。这种紧凑型布局还有很多其他挑战，例如它需要10英寸车轮，这就使得邓禄普公司为它研制特殊轮胎。

早期测试发现，车身在剧烈使用时容易开裂，因此工程师在前部和后部采用了副车架，以支撑机械部件并帮助更均匀地传递载荷。尽管横置发动机的重车头布局有利于稳定性，但它的后制动也会出现问题，工程师给出的答案是利用一个限制阀来降低后轮的液压压力，并将蓄电池移动到行李舱来帮助平衡重量。工程师还采用了由亚历克斯·莫尔顿发明的紧凑橡胶锥悬架系统。所有一切再加上横置发动机和油底壳变速器布局确保新车能够完美实现最初的尺寸要求。

然而，最大的问题是它是否有效？1957年7月，伦纳德·洛德试驾了一辆原型车，结果他非常喜欢，并告诉伊斯哥尼斯要毫不犹豫地继续下去。虽然没有明确的数据，人们普遍认为长桥工厂在1959年5月初生产出了第一辆奥斯汀7；在那以后不久考利工厂生产出了第一辆莫里斯迷你 MINOR。

⬇ 早期的原型车被称为XC9003。当时它还没有最终完成，但车身造型和比例已经清晰可见。

需要注意的是编号为621AOK被认为是第一辆迷你——当时的报告中出现了亚历克·伊斯哥尼斯与这辆车的合影——但事实上在它之前差不多已经完成了6辆车的制造。

1959年8月18和19日，洛德在萨里的乔布汉姆测试赛道正式向外界展出了迷你——据报道称新车的发售价格仅仅为500英镑——尽管这辆车很受欢迎，但到场的记者都不会意识到这仅仅是一个持续41年历史的开端。但是问题很快就出现了，尤其是价格问题。新车在未来几年里都不会有利润，尤其是当奥斯汀和莫里斯看到售价仅为496英镑后，这个数字极大削弱了竞争对手。新车的售价让福特感到十分惊讶，他专门买下一辆迷你，将它大卸八块并计算每一个部件的成本，结果发现BMC公司每制造一辆都会赔5英镑。由于迷你的无阶级定位，它的销量一直非常出色，吸引着从经济拮据的家庭到很多名人在内的广泛客户。

1962年12月，迷你的产量达到50万辆，三年后更是达到100万辆。到1972年10月，迷你的产量已经达到惊人的300万辆。巨大的产量很大程度上要归功于公司推出了众多型号，其中还

包括在1960年和1961年推出的货车和皮卡型号。后来，公司还推出了高档的Riley Elf、沃尔斯利黄蜂、奥斯汀Seven Countryman和莫里斯Mini Traveller，以及我们最为熟知的迷你Cooper。

迷你Cooper由赛车制造商约翰·库珀（John Cooper）首次提出，它凭借在著名电影《偷天换日》中的亮相，以及在蒙特卡洛拉力赛中的出色表现而被人们熟知。它在1964年、1965年和1967年三次赢得蒙特卡洛拉力赛冠军，此外在1966年也参加了比赛，而且一直处于领先地位，但由于车灯专利问题被取消比赛成绩。1963年，搭载1.071升发动机的迷你Cooper S问世并大获成功，第二年出现了0.97升和1.275升排量的迷你车型，即Moke。

1967年10月，第二代迷你问世，它拥有许多改进，包括更先进的液压补偿悬架系统。1968年1月，迷你在考利工厂停止生产，所有迷你的生产都由长桥工厂负责。1969年，迷你又有很多变化，第三代迷你（删去了外门铰链）问世，而且还出现了1275GT（代替迷你Cooper）和Clubman。两辆车都采

➡ 这是一辆1964款豪华型迷你。注意滑动的前窗和车门外铰链，这些特点在后来的型号中都会消失。

用了来自奥斯汀Maxi的扁平前脸，它们的销量非常出色，到1976年已经达到了400万辆大关。

英国利兰公司更名为罗孚集团后十年，以及亚历克·伊斯哥尼斯去世后两年，巨大的变化即将发生。1990年Cooper这个名字再次出现，向世人发出了迷你品牌复兴的信号，四年后，罗孚集团被宝马公司收购，随后宝马公司在1996年推出了最终型号，它配备了一台燃油喷射63马力发动机和安全气囊。但是到2000年10月，那辆标志性的小汽车的生产正式结束，伯明翰和牛津工厂的最终生产数字为5378776辆。然而，幸运的是，一个全新的章节正刚刚开始……

⬆ 早期的生产绝大多数都是手工完成的，与今天高科技的自动化流水线相比绝对是天壤之别。

DWL 293F

⬅ 著名的迷你Cooper S。它的生产日期始于1968年，属于第二代迷你。注意两个后尾翼上的两个油箱加油口。

## 2001年后出现的迷你车型

### 迷你Hatch

迷你Hatch的首次亮相是在2000年的巴黎车展，在人们的热切期待中最终在2001年7月开始销售。它造型美观，多连杆后悬架极大改善了操控性。它还搭载了一台由克莱斯勒公司研制的1.6升发动机，输出功率根据配置在90~163马力。2003年7月，公司还推出了一款柴油车型，它的动力单元是一台丰田发动机。它在很多方面都可以由车主进行现代化改装。

### 迷你Convertible

迷你Convertible亮相于2004年的日内瓦车展，它一经问世就立刻引起轰动。它的发动机与Cooper S一样，都是克莱斯勒1.6升发动机。这辆敞篷车装有一个电动织物车顶，可以部分或全部打开，外行李舱铰链则是对原始迷你的致敬。2006年，原来的克莱斯勒发动机被宝马发动机所取代，到2009年公司推出了第二代车型。2010年中期，公司推出了柴油车型，并且到2016年第三代车型问世。第三代车型更大、更宽敞，动力配置还可以选择高效的三缸发动机。

## 迷你Hatch

2006年，第二代迷你Hatch问世，尽管外观变化不大，但内部却完全不一样。它尺寸更长（比原来长60毫米），前脸是全新设计的，行李舱更大，而且内部装饰更优雅。原来的克莱斯勒发动机被宝马与PSA（标致/雪铁龙）合作研制的新型发动机所取代，尽管发动机已经变成了涡轮增压配置，但它还是保留了原来的发动机舱盖进气口。2010年，公司对它进行了升级，对内饰进行了大量修改。

## 迷你Clubman

迷你在曾使用过"Clubman"这个名字，2007年6月公司推出了全新的迷你Clubman，由于安装了折叠后座椅和分体式车门，它的行李舱空间最大能到930升。但乘客只能通过右手侧的小门进入后座椅，这样的设计非常不利于右手驾驶车型，这样布局的原因是加油口位于左侧，如果将加油口移动到右侧需要增加大量的成本。2015年，公司推出了全新的迷你Clubman，它是有史以来尺寸最大的迷你，并安装了常规后车门和涡轮增压发动机。它还可以安装四轮驱动，并具有其他迷你没有的先进装备——八速自动变速器。

## 迷你JCW

迷你JCW的灵感来自迷你Challenge赛车，JCW于2008年7月首次亮相，凭借强劲的221马力涡轮增压发动机，它的性能得到极大的改善。它具有独一无二的车身风格，工程师改进了空气动力学性能、升级了制动系统和悬架系统，此外顾客还可以选择Clubman和Convertible（敞篷）车身样式。2012年公司推出了一款限量版GP车型，它只有两个座椅，搭载了一台215马力发动机，最高速度能达到240千米/时。2015年底特律车展，公司推出了一款全新车型，它搭载了一台228马力2.0升涡轮增压发动机，在其他方面也有很多升级。

## 迷你Countryman

迷你Countryman是一辆五门五座车型，它可以选择搭载汽油或柴油发动机，以及两轮或四轮驱动系统。2016年，公司推出了第二代车型，它尺寸更大，是第一辆搭载插电式混合动力单元的车型。

## 迷你Coupe

迷你Coupe最初是在2009年以一个设计概念问世的，量产车型的首次亮相则是2001年的法兰克福车展。它是一辆双座车型，采用了Convertible的结构，安装了一个轻质铝合金车顶和一个大行李舱。通过调整悬架，它可以使用汽油或柴油发动机，包括JCW上的208马力动力单元。2015年2月，公司宣布Coupe和Roadster两个车型正式停产。

## 迷你Roadster

迷你Roadster是基于Coupe研制的一辆双座敞篷车，它的首次亮相是2012年的底特律车展。与硬顶Coupe车型相同，它装有一个电动展开后扰流板，此外还装有一个电动织物车顶，只需要18秒就能完全折叠起来。2015年2月，公司宣布Coupe和Roadster两个车型正式停产。

## 迷你Paceman

迷你Paceman本质上是一辆拥有Coupe样式车顶轮廓线的Countryman，它的首次亮相是2012年的巴黎车展。它可以搭载汽油或柴油发动机，可以采用两轮或四轮驱动系统。顾客还可以选择JCW上的高速配置。但是，无论是买家还是汽车媒体都不喜欢它的样式以及系列中的定位，其销量一直不佳。2016年底，公司宣布Paceman正式停产。

## 迷你Hatch（2014以后）

第三代迷你基于宝马公司的UKL1平台设计完成，它更长、更宽，而且更高。Cooper和柴油车型搭载1.5升三缸发动机，输出功率分别是134马力和94马力。Cooper S型则搭载一台2.0升189马力发动机。它的优点还包括可选电子阻尼系统、更大的221升行李舱以及经典的迷你风格内饰。

## 迷你Five-Door（2014以后）

迷你家族的又一个全新成员，Five-Door更长、更高，而且轴距比三门掀背车还要长。它问世于2014年秋天，凭借额外的空间和实用性，它能在家用车领域与那些主流汽车制造商相竞争。它可以搭载汽油或柴油发动机，并安装了很多驾驶辅助和便捷装置。

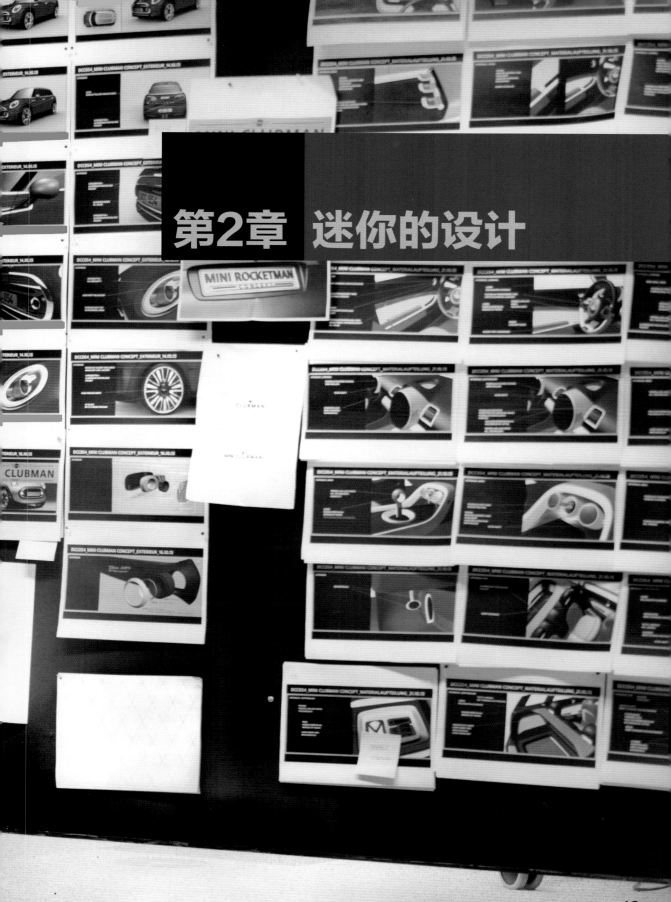

# 第2章 迷你的设计

重新设计一辆迷你，而且让它像原来一样经典，并不是一件容易的事。经过几十年的发展，汽车设计和技术已经发生了翻天覆地的变化，而且随着更严格的新标准的推出，整个过程会遇到很多困难和挑战。其实罗孚集团早在20世纪90年代就开始解决这些问题，1994年罗孚集团被宝马公司收购，幸运的是当时宝马公司CEO贝恩德·伊斯哥尼斯（亚历克·伊斯哥尼斯的侄子）非常支持已经开始的R50计划（即复兴迷你计划）。

设计工作在英国和德国慕尼黑同时进行，后者设计团队的领导者是克里斯·班戈，他富有争议的"火焰曲面"设计主题对未来宝马车型产生了显著的影响。1995年10月在英国沃里克郡盖顿的经典汽车中心展出了很多来自罗孚和宝马公司的车型，让公司高层人士点评。其中一个是由美国设计师弗兰克·斯蒂芬森提出的，而这一个也被选中进行进一步研发。

1996年，该项目被重新命名为R50计划。随后，罗孚和宝马公司的合作研发遇到了重大挑战，如果想要项目有任何进展就需要解决这种情况。的确，在1999年宝马公司一直尝试解决公司内部的分歧。结果到第二年，宝马将MG-罗孚出售，人们原本会认为这会造成计划进一步中断，但是宝马公司保留了该计划，全新迷你也随之诞生。

新车的生产地最终定在了牛津而不是长桥，为此参与计划的一些人曾产生过一些争论。暂且搁置争论，新车在2000年巴黎车展上展出后立即被广大车主和媒体所接受，到2001年7月新车正式在英国销售。新车的发售开创了一个全新的纪元，当然也带来了这本书后面的很多内容。

## 设计概要

本书前面写道亚历克·伊斯哥尼斯不喜欢大汽车，他的目标是让迷你尽可能紧凑，尽可能节省空间。但是在过去50多年里汽车世界已经发生了太多的变化，因此如何在今天设计一辆汽车呢？这辆车必须满足现代人的口味，涉及空间、舒适和安全性。更重要的是，要让全新迷你继承原来的风格和内涵，让这个品牌的爱好者满意。

首先，新车应该能够让人一眼看去就知道这是一辆迷你，并且反映出一辆迷你的感觉，与此同时又能与同系列的其他车型区别开来。因此设计过程要从大量的研究、素描和集思广益开始，设计者要试图理解新型迷你特殊的特点和精髓。

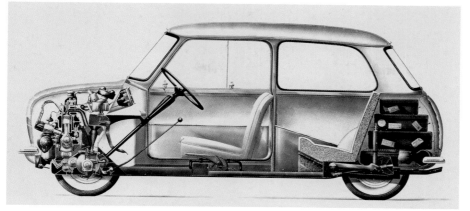

← 原始迷你的紧凑布局清晰可见。伊斯哥尼斯坚持车长不超过 10 英尺（1 英尺 = 0.3048 米），里面的空间要足够容纳一名驾驶人和三名乘客。

显然，前人留下的遗产能在这里起到很大作用，让设计者知道新车型应该是什么样子的；它也有助于让新车型和原来的车型产生某种联系。但是设计者需要从各个来源获取灵感，例如时尚界和建筑界等。随着设计者的目标逐渐明确，他们的工作差不多就是研制一辆原来车型的精神继承者，将固有的特点传递给一辆现代的汽车，因此不要被过去束缚住是很重要的。

新车型的研制工作也许很早就已经开始了，这主要是由新车型在迷你系列或在更大的汽车行业内的位置所决定的。在任何实际设计发生前，设计者有很多工具来帮助工作。这可以通过很多形式来进行，例如对现在和未来的客户进行市场调查，或者从设计研究中得到的反馈等。我们中的很多人都在汽车展或汽车杂志上看到过设计概念，很多看起来都富有未来感，它们也是设计者寻找灵感的方法，如果有些元素受到公众的好评，它们就可能出现在即将推出的车型中。

## 设计团队

设计新型迷你的责任最终会落到少数人手里。在本书写作的时候，迷你设计团队大约由30名设计师组成，他们分为三个子领域：外观、内饰及颜色和细节。外观设计组的主管是克里斯多夫·威尔，内饰设计组的主管是奥利弗·西格哈特，颜色和细节设计组截止到2016年9月的主管是克斯廷·施迈丁。每个小组有八至十名成员，他们都有自己专长的领域，例如颜色和细节设计组就负责皮革、颜色、打磨、表面处理以及一些细节工作。外观和内饰设计师通常要画出整车的草图，并监督设计和工程的集成，直到正式开始量产。

## 面临的挑战

迷你品牌蕴含着悠久的历史，这就意味着迷你设计者面临着比设计其他车型更大的挑战。一方面他们需要让新车型与原来的型号保持牢固的

↓ 1958 年迷你的设计草图，上面标有迷你的紧凑橡胶锥悬架。

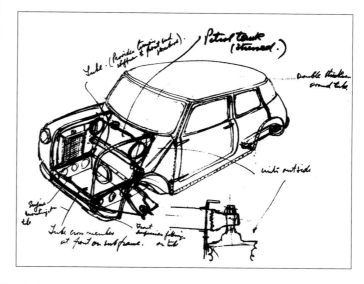

↑ 对于在新车上采用
何种颜色、何种面料,
设计师们会花费很多
时间来讨论。

联系,即紧凑的车身比例,横置发动机,将车轮放置在四个角,卡丁车那样的驾驶感觉。另一方面,他们必须确保满足功能性和人体工程学等领域具体的设计要求,并反映出迷你的未来设计方向。

此外,它还要满足从环保到安全性等复杂的法律要求。越来越严格的安全法规已经影响了现代汽车的面貌,尤其是前部更高的车身以及机械部件间更大的空间都必须考虑在内。然而,很多设计者并不会将这些视为问题,他们认为这些挑战会提高工作的积极性,有助于理解新规则和新技术,以便于实现更好的创新。

除了技术上的挑战外,还有审美上的挑战。设计者面临一个艰巨任务,他们要确保每一个新车型不仅能成功诠释经典迷你外观,而且还要保留它原来的"英国性"的内涵和本质。当然,这并不是全部,诸如未来技术和可持续发展

都需要考虑在内。

设计团队总是热衷于尝试新技术,目前他们正在探索诸如3D打印这样的"工业4.0"技术。对于内饰也是如此,设计者渴望采用全新的材料、纹理和抛光,但对于内饰本身,往往需要好几个月的测试才能最终确定。就座椅材料而言,测试将会集中于耐磨性、抗拉强度、色牢度以及抗褪色性。但是设计者也会组合使用经典材料,例如皮革,用新表面来捕捉真正的迷你精神,创造出具有现代气息的经典作品。

外观设计也不容易,设计者不仅要考虑当前顾客的颜色偏好,而且还要展望未来找到未来的发展趋势。当一种材料和颜色经过测试入库后,可能需要三年时间应用到新车上,因此展望未来的能力是设计者必不可少的。最终,所有一切组合在一起形成一种微妙的平衡,很显然最终车型能否既成功又赚钱,主要责任都在设计者身上。

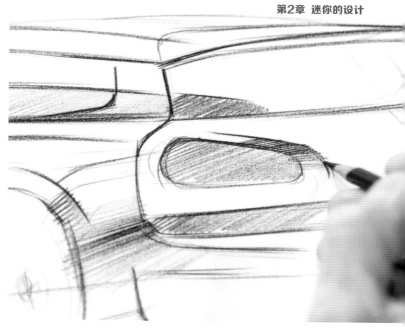

➜ 手绘草图仍然是迷你设计中至关重要的第一步，它们帮助设计者了解整体比例和重要细节。

## 设计草图

　　回到考利工厂的时代，当时进入任何一家汽车制造厂的绘图室，你会看到很多在画板上弯腰驼背的绘图员，他们需要将新车型的每一个方面详细地描绘出来。这是一个劳动型工作，尽管随着技术的发展绘图工作变化很大，但当设计一辆新车时手绘草图仍然是重要的组成部分。迷你就是这样的，每一个设计都是从计算机上的手绘草图开始的。不管是外观还是内饰都需要大量的设计草图，这些草图会帮助设计者建立起整个设计概念，知道将要设计一辆什么样的车，这些草图是指导完成设计的最基本资料。

　　最早的草图往往描绘出一些粗略的轮廓，随着设计的进行逐渐增加细节。迷你的设计格外关注基本比例，让人一眼就能认出它，设计者要明确车身、内部空间和车顶的关系，来自德国慕尼黑迷你设计工作室和美国宝马设计工作室的十多名设计者进行内部竞争。设计总监会定期审查设计草图，因此草图的数量会逐渐减少，当然每一位设计者都希望自己的作品被选中。

　　随着外观设计草图减少到一定数量，上级领导会进行更详细的审查，最终最多只有四个设计会进入到下一阶段，即"胶带草图"。"胶带草图"在

➚ 内饰设计与外观设计同样重要；这张最终设计图是前期许多时间绘图工作的产物。

➜ "胶带草图"看起来有些过时，但它们是设计的重要组成部分。它们能让设计者看到细节变化对整体造成的影响。

←↙↓ 油泥模型是一项技术性很强的工作，它在新车的设计中发挥着重要作用。设计者会通过模型生成详细的立体数字图像。

汽车设计领域已经应用了很长时间，并在今天仍然非常有效。一个熟练的团队用特殊的黑色胶带将草图转变成一个全尺寸轮廓，并将它呈现在一面白墙上。这个过程允许设计者在更大的细节中分析关键尺寸和比例。这种方法还能让设计团队进行修改，并立即看出这些变化对整体外观造成的影响。

## 模型

建模阶段适用于新车的外观和内饰设计，这两项工作可以平行进行。它也是最重要的设计步骤之一，因为设计者会利用工业油泥将草图转变成全尺寸三维模型，这是设计者第一次对自己的作品有一个直观的感觉。此时设计草图变成实物模型，设计者可以对各个方面进行细化。模型不仅对外观和内饰设计很重要，而且设计者还能看到设计中的触觉元素，例如开始寻找材料和表面纹理图案。

即使在这个阶段仍然有很多工作要做，因为设计者需要将模型扫描并输入计算机，利用CAD等软件将它们变成三维数字图像。设计者可以通过数字图像检查最详细的细节，整个过程几乎是一个无限种可能的组合。他们检查不同灯光下形状和颜色的组合情况，检查车内开关和按钮的外观和位置，在这些过程中有这样一种可以对细节放大的工具真的非常有帮助。迷你车主可能没有花太多时间来考虑车内门把手的位置、颜色和感觉，但他们肯定知道设计者在这上面花费了很多时间和精力！

## 关键步骤和时间尺度

从最初的设计概要到最终完成进入市场需要5~6年时间，但是整个过程中有一些关键设计阶段和时间节点。

- 数据收集。主要包括同意进行设计的比例；制定设计的技术框架；利用市场调研获取客户反馈；定义汽车的特点，以及探索新技术。整个过程大约需要8个月。

- 绘制草图和全尺寸"胶带草图"。四至六名设计者负责外观和内饰草图，最终完成七个外观和七个内饰草图的设计。设计总监会对设计草图进行筛选，最终确定三个外观和三个内饰草图。整个过程大约需要3个月。

- 油泥建模和数字建模。工程师会将三个设计转变成模型，公司董事会会选择其中两个进行下一步工作，接着再反馈回来。设计者会对油泥模型细化，并进行进一步的设计和工程工作。最后高层董事会确定最终的设计。整个过程大约需要12个月。

- 投入生产。设计者会对最终设计进行进一步改进和优化，完成后就可以进行生产。整个过程大约需要10个月。

## 革命还是进化？

迷你的发展很大程度上被视为一个进化过程，是一种历史设计语言符合逻辑的现代延伸。所有的迷你都有下面的特点，为了最大化内部空间，它们利用一个尽可能小的尺寸提供了尽可能大的空间。

迷你的外观非常独特，四个车轮位于车身最外侧，让它拥有卡丁车的驾驶感觉，强调了迷你的运动特点。所以即使增加尺寸、改变造型或直接扩展迷你家族，迷你的设计依然要专注于改变车辆的经典比例，改变车身外观，改变连续的车窗结构以及车顶，使其变成一个全新的产品。迷你的设计形式语言基于一系列基本几何形状的对比，一般来说灵感来自圆形、椭圆形、细长孔形和六边形。

迷你的设计中包含很多遗留下来的传统。它们都是展望未来的良好基础，在创作过程中设计者通过现代和创新方式不断给它们赋予新的含义。某些经典迷你的"真正"的传统设计被保留下来，并一直在不断发展，例如六边形格栅、圆形车灯和舷窗等。在内饰方面，内饰中控屏、拨动开关和车门椭圆嵌槽则进一步适应了现在的要求。由于理性和意外因素不妥协的组合，由于继承和创新间的平衡，由于它展现出来的个性和特点，由于它既鼓舞人心又具有反传统精神，所有这一切让迷你变得独一无二。迷你设计团队确保传统的设计紧跟时代和技术的脚步不断变化，与此同时保留最基本的迷你特点。

## 迷你设计是如何进化的？

迷你设计是如何进化的呢？答案还是让设计者自己告诉我们吧。

### 外观

- 设计者在轮拱和前后灯等现有设计轮廓上增加了附加边缘，让设计显得更突出、更具现代感。这样的构造将车身划分为几个较大部分，让新型迷你具有更确定的特点。

- 新型迷你Hatch的格栅是一个无缝不间断的镀铬框架，这让整车看起来更加高档。与此同时，六边形也更容易辨认出来。格栅向下拉伸至前饰板让整车的前脸看起来更瘦、更具动感。黑色的保险杠完美地融入六边形格栅和车牌架上。

■ 新型迷你拥有标志性的圆形车灯以及周围的镀铬框架，前照灯设计显然继承了迷你家族的遗产。前照灯嵌件是重新设计的，显得特别清晰和结构化。嵌件的特点是一个大的椭圆形，外面包裹着LED日间行车灯环。

## 内饰

■ 一旦进入车内，你就能看到内饰引人注目的创新。为了改善读识性，设计者将所有与驾驶相关的显示器放置在了驾驶人直接视觉区域。方向盘后面是一些仪表，中间是圆形模拟车速表，它左边是转速表、油量表及其LED灯位于车速表的另一侧。与此同时，设计者还对圆形的主显示屏进行了重新设计，让它增加了许多功能，例如娱乐和导航功能等。

■ 设计者更加注重细节。一些细节和特征有时一眼就能看出来，有时需要随着时间的推移来慢慢发现，例如中控台或车门储物袋的样式。在迷你Clubman上，创新的背光前门支架创造出了一个独特的氛围。此外，在英国花呢布样式上你还能看

到真正的铝合金压花。

### 原型车

汽车杂志上的文章经常出现即将问世的车型照片，那些照片是新车型进行道路测试时被拍下来的。这种情况在牛津工厂经常出现，在那里公司指派工程师负责为每个新车型量身打造一个伪装。他们与设计者一起擦掉每一根特殊线条，因为不管是对未来产品的保密还是帮助建立人们对新车型的预期都是非常重要的。工程师和设计师从一开始就要识别他们想要隐藏的关键属性，并制作一个掩盖包掩饰那些区域，但是随着设计的持续，就需要进行越来越多的测试，在最后阶段进行户外测试的次数也会变得越来越多。

当新车身组装好后，工程师会用硬塑料和软泡沫掩饰外表。随后为了实现更真实的测试，例如空气动力学和噪声测试等，工程师会将掩饰物拆掉，并用聚乙烯图案覆盖车身来混淆视线。

类似的方法已经使用了很多年，它有效掩饰了车身特征线条。伪装的目的是当光和影落在车身上时让外观扁平化，让那些特征线条消失。工程师希望这些伪装能混淆人们的眼睛和计算机软件，让人们无法辨认或者无法利用软件"剥离"伪装。但是，伪装也会引起更多人的注意，因此工程师还需要某种"面具"来隐藏前部和后部，以进一步掩饰外观。

如果新车的外观和部件被拍到，就会产生一个问题。摄影师可以利用软件将伪装"剥离"，看到这辆车的人也能够通过匿名指导他们完成编辑过程。值得注意的是，如果新车不需要测试发动机的冷却以及在复杂天气下的行驶情况，伪装起来相对比较容易。伪装不

↓ 如果你在路上看到这样一辆迷你，它很可能就是一辆穿着特殊伪装的原型车，来掩饰一些设计细节。

能影响气流，因为那样会影响动力系统和HVAC（加热、通风和空调）系统。此外，如果车上安装了前置摄像头、自动巡航和碰撞警告雷达等系统，当测试这些系统的时候，伪装不应该对此造成影响。

## 新车型问世

在牛津工厂，一款新车型从设计到生产并不是一个容易的过程。其中涉及一个熟练的团队，这个团队的工作在新车正式下线三年前就已经开始了。这足以说明有很多方面需要考虑。下面介绍的只是将一个新车型引入到生产线所涉及的其中几个过程。

■ 项目团队要设置关键领域的目标和里程碑事件节点，例如对工具和机器人的要求；是否需要对工厂的结构进行改造；对物流的要求；以及零部件和原材料的供应等。

■ 团队成员要考虑如何将新零部件集成到装配过程中，例如如何将零部件运到组装线；如何让机器人和工人来安装它们。

■ 根据汽车的每个区域，装配过程会被划分成几个模块，例如车头、内饰和发动机等。最多有50个模块，每个模块大约需要十几个工人。

■ 工程师会将这些模块在计算机上组装在一起，形成一辆虚拟汽车，并检查建造过程的每个方面。基准线工程师的输入工作至关重要，他们需要理解零部件的功能和安装，并确保整个过程完美准确。

■ 一旦工程师对虚拟汽车满意后，就可以进入到实际生产阶段。当然，如果新车型与现有的车型差别很大，则需要进入原型车阶段。

■ 原型车是在德国慕尼黑由工程师手工打造的，他们经过了几百次研究和测试，最终才确定了新车的各个方面。在最终新车问世前还需要进行不断改进。

■ 原型车的使命会在下一阶段结束，整个过程会从德国慕尼黑转移到英国牛津工厂。工程师利用"检验立方体"来验证组装过程，即不使用焊接和黏合剂来组装一辆完整的汽车。这样做的目的是确保零部件能够按照设计组合在一起。

■ 接下来的程序是"预生产"，这应该算是最大的挑战，因为整个过程是在实际生产线利用实际工具和设备完成的。整个过程不能中断直到最终完成，每个参与新车型研制的人都想要看到第一辆车的诞生！

■ 第一辆车诞生后要接受全方位的检验，工程师会花费数周时间来测量和检验每个地方，从面板缝隙到关门时产生的噪声，以及操控性和发动机声音。检验过程中有一个评分系统，最开始从100分开始，每达到一项要求减去相应的分数，最后的得分不超过20分才算合格。这样这辆车就能达到量产的要求。

## 时间线

■ **30个月**——目标和时间节点达成一致。虚拟和概念构建正式开始。

■ **22~26个月**——原型车开始制造。

■ **18个月**——确认投资。

■ **12个月**——虚拟汽车和利用"检验立方体"测试。

■ **9个月**——生产线上"预生产"，进行全方位检验和修改，为最终的量产做准备。

■ **45天**——获得生产许可，此时经销商可以开始订购新车。

# 第3章 迷你的制造

本章将会介绍迷你是如何制造的，这也是本书最核心的地方。下面会介绍迷你汽车制造、喷漆和组装的各个方面。前面已经介绍了牛津工厂在英国汽车历史上具有非常特殊的地位。这里不仅仅进行汽车的制造，还负责质量控制、测试和物流等一系列工作。本章将会向大家展示牛津工厂幕后的故事。在正式开始之前，我们花一点时间来了解迷你历史上其他制造厂的情况。

目前，牛津工厂负责生产三门掀背车型、五门掀背车型和Clubman车型。Countryman和Convertible车型的生产地则是荷兰的VDL内德卡工厂，此外2014年7月迷你宣布扩大生产，并开始在内德卡工厂组装掀背车型。奥地利的宝马斯太尔工厂负责制造大部分宝马车型的发动机，包括迷你的柴油发动机。

在英国还有两家工厂对迷你非常重要。一个是位于威尔特郡生产迷你车身冲压件的斯温登工厂。斯温登工厂生产车身的历史可以追溯到1955年初，当时冲压钢公司建造它作为考利车身制造厂的补充。另一个是位于伯明翰西北部的海姆斯霍尔发动机工厂，伯明翰曾经是欧洲其中一个最大发电站的所在地，宝马公司于1998年开始在这里建设发动机工厂，并于第二年底正式建设完成。2000年5月第一台发动机问世，到2001年1月工厂全面投产。因此，英国

和欧洲的工厂都在迷你的制造中起到了非常重要的作用。

现在是时候开始研究更详细的制造过程了……

## 斯温登车身工厂

没有斯温登工厂就没有本书接下来的内容，正是在斯温登工厂，原始的钢材料变成了迷你的车身面板和零部件。

原材料钢通过火车从港口运送到工厂，它们的来源主要有三个：欧洲的塔塔钢铁公司，包括威尔士的塔尔博特港；另外两个供应商是安塞洛和蒂森克虏伯公司。大约90%都是大型钢卷（其他都是钢板），每个钢卷大约重8~27吨，斯温登工厂每周要使用大约100个钢卷。并不是所有的原材料钢都应用到了迷你身上，工厂也为其他宝马工厂制造面板和冲压件。大约40%的产品会被出口到与迷你共享UKL1平台的制造厂。

→ 钢卷的重量大约为 8~27 吨，图中斯温登工厂的钢卷正准备变成迷你的面板。

钢卷在三条冲裁生产线中的一条展开后，工程师可以利用专门的工具将它切割成所需的基本形状，尽可能地利用原材料。接着胚料会被送往13条冲压生产线中的一条进行处理，变成最终的面板和零部件。胚料成型后，工程师会根据面板的形状和复杂程度，进行修剪边缘、钻孔和折叠凸缘等一系列工艺以便进一步处理。例如，一个发动机舱盖要经过六个过程，而一个车身面板或车顶则只需要四个过程，为了最大限度利用原材料，切掉的部分会被用来制造一些零碎的零部件。

## 事实和数据

- 斯温登工厂附近的仓库盛放着大约4周用量的钢材。斯温登工厂本身的库存只有8个小时。

- 每一个钢卷的重量为8~27吨。每个钢卷由一辆货车运输，外面覆盖保护层。

- 斯温登工厂每个季度消耗大约10万吨钢材。

- 冲裁生产线的作用力大约为800吨。钢卷以115米/分钟的速度展开，误差仅为0.1毫米。

- 冲压生产线上的作用力高达2000吨，可将胚料变成所需的面板和车身部分。

- 生产一批面板的平均时间为5小时。根据生产线速度和零部件使用量，数量大约为1500~6000个面板。

- 斯温登工厂每周运行七天，分成白班、夜班和周末轮休。冲裁和冲压生产线每天24小时运转。

- 斯温登工厂的人数大约为800名。

- 斯温登工厂占地相当于64个足球场。生产设施总共为45万平方米。

- 对于目前的迷你和宝马车型，斯温登工厂使用880个冲压工具生产大约366种不同的面板。

- 为了生产出完整的车门、发动机舱盖和车尾门组件，总共需要250个机器人。

- 组装利用激光焊接技术，每一辆迷你的激光焊接长度大约为8.4米。

- 斯温登工厂产品的库存平均只有四天，工厂每天会向牛津工厂按时交货，每天大约有80~90辆货车离开工厂。

↑ 威尔特郡斯温登工厂的鸟瞰图。

↑↑ 冲压成型的发动机舱盖。

↑ 仓库里制造完成的面板和零部件，每天大约有 80~90 辆货车来运输它们。

**罗杰·纽曼**

斯温登工厂负责质量和物流的主管

罗杰自认为是个铁杆车迷，他说："我在学校里就对机械很着迷，并和爸爸一起组装了一辆汽车。因此，我感觉会一直在汽车行业工作下去。在获得A级学徒资格后，我来到了斯温登工厂（当时还属于罗孚集团）。1990年，我开始了为期四年的技术学徒工作，并获得资助通过了学位课程学习。这些为以后的工作打下了坚实的基础。我早期的工作是罗孚产品和丰田产品的组装质量管理，后来我又从事计量、质量管理和项目管理工作。现在我负责整个工厂的质量和物流管理，这是一项既令人兴奋又充满挑战的工作。"

质量是关键，因此冲压过程完成后必须进行仔细的检验。工程师利用特殊方法来检验面板的表面，即使冲压过程中最小的碎片也能造成面板表面缺陷，这些检验是整个生产过程的重要组成部分。通过检验后，这些面板会被打包然后通过货车运送到牛津工厂。

## 循环利用

送到斯温登工厂的钢材料中有45%最后都变成了废料，所有废料都会被送到附近的工厂进行回收利用。每条冲压生产线下面的输送带会收集下脚料，并将它们运到一个压捆机中打包，每包大约有半吨重。一个机器人会将废料包放在吊货盘上，这样做产生的噪声更小，因此能减少对旁边工人的影响。

## 组装

有些面板和零部件会被直接送到牛津工厂的白车身组装线。斯温登工厂也有一个组装设施，生产完整的发动机舱盖、车门和车尾门。在一个全自动化过程中，机器人利用激光焊接技术来组装零部件，这样就能使用更少的黏合剂，让零部件更轻、更强，并且更加耐受潮湿环境。事实上，斯温登工厂的很多零部件完全由机器人来完成，工人直到在白车身阶段才会直接接触。

## 海姆斯霍尔发动机工厂

发动机是汽车的心脏，迷你的三缸和四缸汽油发动机并不是牛津工厂制造的，而是由80英里外的伯明翰海姆斯霍尔发动机工厂制造的。海姆斯霍尔发动机工厂于1999年底建设完成，2000年5月第一台发动机问世，到2001年1月工厂开始全面投产。

在详细介绍海姆斯霍尔发动机工厂前，我们有理由回顾一下发动机生产的背景。制造发动机的过程是从物流开始的，牛津工厂在汽车生产计划日期前两天发出发动机生产订单。发动机的制造要满足客户的需求，完成的发动机会进入一个成品仓库。当顾客需要这种发动机时，工程师会将它挑选出来并放入一个设定好顺序的托盘（与牛津工厂造车的顺序一致）。这确保指定的车辆里装入正确的发动机。这是一个高度组织化的过程，与贯穿迷你生产的"实时生产无库存"系统相衔接。

与牛津工厂提前进行发动机采购

### 事实和数据

- 海姆斯霍尔发动机工厂占地大约85英亩（516亩），主要为迷你和宝马车型制造三缸和四缸发动机。
- 海姆斯霍尔发动机工厂还生产新型宝马i8混合动力跑车的发动机。
- 海姆斯霍尔发动机工厂的发动机产量大约为1400台/天，大约每分钟生产一台。
- 自从2001年以来，海姆斯霍尔发动机工厂总共生产了超过400万台发动机。
- 发动机零部件每年的生产量超过1000万件。

计划相同，海姆斯霍尔发动机工厂也要按照生产程序从供应商订购零部件。海姆斯霍尔发动机工厂具有强大的生产能力，基本上每一分钟就能制造一台发动机。要日复一日，月复一月，年复一年实现预期的生产效率需要大量的提前准

备计划。例如，发动机实际制造的过程中，工程师要思考很多，包括帮助工人减压，以及每个组装线在实施前要进行细心的准备。工程师会使用虚拟组装技术来调整每个组装线，确保达到最佳的效果，此外新产品的变化和新的发动机变体也会接受相同的处理。正是对细节的关注才会让事情与众不同。

**吉姆·尤斯塔斯**

海姆斯霍尔发动机工厂负责产品审核、性能测试和质量控制的主管

　　吉姆的职业生涯始于1986年的奥斯汀-罗孚公司（后来的罗孚集团）。整个职业生涯中，吉姆一直从事发动机相关的工作。

　　"在罗孚发动机部门的学徒生涯结束后，我最终成为KV6发动机（一台2.5升V6发动机）的加工和组装经理。几年后，我被调到供应商质量管理部门，工作内容从发动机生产换成了变速器生产。后来变速器工厂被宝马公司收购，我接着负责新型迷你变速器的加工和组装。几年后，我又到了宝马的海姆斯霍尔发动机发动机工厂。

　　工作之余我不忘继续深造，并在2006年获得了工程商业管理硕士学位。

　　我现在的工作既兴奋又充满挑战，需要协调和沟通慕尼黑、奥地利及中国的宝马发动机制造工厂。"

　　海姆斯霍尔发动机工厂非常繁忙，每天要生产大量的发动机。加工区的机器周一到周五每天24小时运转，工人也是三班倒，有时周末还要加班。在组装区也是如此。

## 加工

　　发动机制造首先要用到气缸盖、气缸体和曲轴，气缸盖和气缸体是德国宝马铸造厂生产的；而锻造曲轴则是外部供应商提供的。在该阶段，这些零部件被称为"买入材料"，它们基本上不需要加工。大部分工作是各种磨削、铣削、车削、钻削和精加工，将原材料变成最终的成品，这是一个高度自动化的过程。无人搬运车（AGV）会收集原材料，并将它们送到指定的地方进行加工。在每个处理阶段，机器会识别出零部件的类型（三缸或四缸），自动调整以完成需要的加工过程。

　　先进的加工中心确保加工过程符合顾客的不同要求，同时保持极高的生产效率。在每条加工生产线，最后两道程序是清洗和检验，两者都是自动完成的。完成加工的零部件会被机器人小心地打包，这样能保持零部件的清洁并保护它们免受空气的影响造成生锈和损坏。完成的零部件在进入到组装程序前必须是完好无损的，完成打包后无人搬运车会将它们搬运到一个临时存放区等待接下来的组装程序。

　　在加工的不同阶段，工程师会随机抽取零部件进行检验和测量。这样能确保加工过程的质量控制。相关专家会对测量结果进行分析，尽早进行处理，保证对零部件的干扰降低到最低程度。这看似是一个非常简单的过程，但是要知道需要复杂的支持系统才能生产如此多高标准的发动机。此外，不仅仅是庞大的自动化系统令人印象深刻，在加工车间下面还有一套管理加工过程中使用冷却剂的完整系统，这些冷却剂需要储存、冷藏、泵送和过滤。接着就是如何处理铁屑的问题，收集的铁屑会通过离心作用去除多余的液体和杂质，以准备回收利用。

## 组装

制造一台发动机，首先必须要有生产订单。工程师会将需要制造发动机的信息写在一张特别的数据标签上，这个标签会伴随发动机制造的全过程。在组装过程的每个阶段，工程师都要阅读这个标签，通过了解相关信息来确保发动机符合顾客的要求。迷你的组装过程旨在满足顾客个性化要求的同时保证极高的生产效率。

发动机组装被分解成几个主要的流程，如下所示：

■ **气缸盖部件装配**——工程师将凸轮轴和气门机构安装到气缸盖上。

■ **气缸体装配**——这是发动机的核心，目的是匹配气缸体、凸轮轴、活塞和连杆。

■ **主要结构装配**——在这个阶段，工程师首先将气缸盖安装到气缸体和发动机正时机构上，接着再安装凸轮轴盖和电子传感器等零部件。

■ **完成装配**——工程师会安装外围零部件，例如进气和排气歧管、辅助设备和线束等。

■ **满足单个客户需求的发动机配置**——为了确保配置正确以及整个过程的高效，装配中不能出现使用错误零部件或找不到零部件的情况。零部件存放在挑选区，装配中会按照正确的顺序进入装配线。正确的零部件会通过一个单一流程伴

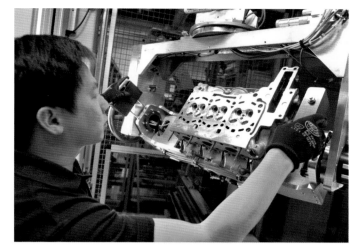

↑ 制造诸如气缸盖之类的零部件是一个很精密的过程，需要利用数控机床来实现高精度加工。

↓ 气缸盖的组装由手工完成，需要安装很多零部件，包括凸轮轴和气门机构。

↑ 工程师正在安装辅助零部件，例如燃油和排气系统、电子元件和辅助设备等。

→ 每台发动机在被送往牛津工厂前都要进行测试。质量和安全可靠是最重要的，工程师会仔细审查测试数据来消除潜在的问题。

随着发动机，直到装配完成。

■ **功能测试**——也被称为冷测试，工程师会对每台发动机进行一个短时间测试来确保符合规范要求。工程师让发动机运转模拟各种行驶条件，来检验所有系统正常工作并且不存在质量问题——所有一切都是在没有燃油的条件下进行的。当发动机完成测试后，工程师会继续安装一些辅助零部件，然后将它放到传送带上运送至成品库房。在那里，发动机就等着被运往牛津工厂。从收到订单到交货给牛津工厂，整个过程最短只需要两天就能实现。

## 检验和审核

保证装配过程中的质量对确保发动机的长期可靠非常重要，此外干净整洁也起到关键作用。装配过程中任何颗粒和碎片都会损坏零部件并影响发动机寿命，因此所有零部件都有精心设计的包装，直到使用时才会打开。例如，直径500微米的颗粒就会显著影响发动机的性能，因此在装配时保持干净整洁是非常重要的。装配车间内装有空调设备，能有效防止外部污染物的进入，当工程师进出时，气流是向外吹的。一些小零部件会被装在密封袋中，较大的金属零部件会采用定制包装，有些还内置了防锈保护。有些电子元件会使用防静电包装，以免损坏精密的电气设备。

像加工过程一样，装配过程也有很多检验来确保产品的质量。这就是所谓的过程检验，检验的内容既包括简单的转动发动机所需的转矩测试，还包括一个螺钉的拧紧程度。这些检验的目的不仅是为了保证产品质量，而且还为质量专家提供数据，让他们知道检验结果，进而不断提高产品质量。

如果这一切还不够的话，还有一个程序来确保产品质量，它就是产品审核。工程师会随机抽取成品发动机到产品审核区域，在那里每台发动机会被放在一个实验台上，就像安装在车里然后点火起动。专家会利用特殊的设备来检验发动机的性能，并分析所得的数据。工程师会研究测试结果的任何一项变化，以便使加工和装配区域的工作更加完善。例如，工程师会分析振动来确定是否有新的噪声源，即使那些噪声有些人根本听不到！工程师还可以给发动机添加一些特殊的液体，当在紫外线下检验时，工程师就可以发现一些肉眼看不到的泄漏点。

工程师有时会进行很多不同的测试。有些发动机要进行持续4小时的短时间测试，而有些则需要更长时间的测试。有些发动机会被熟练的审查工程师采用法医式的方法完全拆卸分解，对每一个零部件进行检验，甚至详细到每一颗螺母和螺栓的拧紧程度。这个过程可以学到很多东西，工程师可以用它们来进一步提高发动机的质量和性能。测试之后，连同机油都要由专业实验室来分析检验。所有这些测试工作都是为了确保"生产一致性"，基本上一些资料上的数据都来自这些检验测试，例如功率、转矩、耗油等。

## 无问题向前

与牛津工厂相同，海姆斯霍尔发动机工厂也采用"无问题向前"系统，任何在装配过程中出现的问题都必须在下一个工序前解决。如前所述，在装配过程中会进行许多测试检验，例如机油或冷却液检验等，不管这个问题是由工程师、机器或者在审查期间发现的，这台发动机都会被送到整改区接受进一步的检验。工程师会根据问题进行修理或更换零部件，完成后的发动机会被送回发现问题的那道装配工序。值得注意的是，迷你使用的每一台发动机都是这样生产出来的，而且每一台发动机的测试检验数据和转矩设置都会保留存档，如果将来出现问题就可以立即翻阅查看。

# 斯太尔工厂

斯太尔工厂位于奥地利斯太尔镇，它是迷你柴油发动机的主要生产地，而且还是宝马柴油发动机的研发地。工厂占地35.7万平方米，雇员超过4500名，为宝马和迷你车型生产多种型号的柴油和汽油发动机，2016年的年产量为1261449台。One D是第一辆柴油动力迷你，它问世于2003年6月，搭载了一台75马力1.4升涡轮增压四缸发动机。今天迷你的柴油发动机包括1.5升三缸和2.0升四缸，输出功率从95马力到190马力不等。在生产方面，发动机的加工、装配和试验检验过程与海姆斯霍尔发动机工厂基本相同。

➜ 德国兰茨胡特工厂，它负责生产宝马和迷你的发动机零部件。

## 德国兰茨胡特工厂

德国兰茨胡特对于迷你车主来说是一个陌生的地方，但事实上迷你上的很多零部件都是在这里生产的。兰茨胡特工厂其实是一家轻金属铸造厂，主要为牛津工厂生产发动机气缸盖和曲轴箱。工厂位于巴伐利亚州，从1967年就成为宝马公司的一部分，当时宝马公司收购了汽车制造商格拉斯公司。格拉斯公司总部位于丁戈尔芬，但在兰茨胡特也有一家工厂，公司著名的产品包括格哥摩（Goggomobil）微型车，这辆车在今天的经典汽车爱好者中非常受欢迎。现在工厂占地约32万平方米，不仅拥有世界上同领域最现代化的生产设施，而且还是世界上第一家零排放铸造厂。工厂采用先进的砂芯铸造工艺，能够减少98%的废渣排放，同时提高设施的盈利能力。

考虑到还生产其他宝马车型的零部件，工厂每年生产超过500万个铸件，总重量达到8.6万吨。工厂有五种不同的铸造方法，根据零部件设计、技术要求和产量，工程师会选择最合适的一种。值得一提的是，公司宣称第一次在汽车行业中使用了创新的电弧喷涂法。本质上讲，电弧喷涂法就是在所有曲轴箱的气缸表面涂上一层很薄的液态形式铁颗粒，这样能降低油耗并延长发动机寿命。

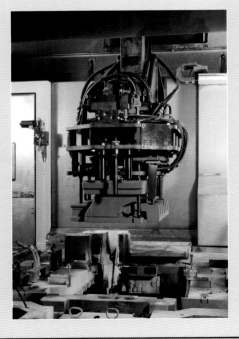

➜ 根据零部件设计、技术要求和产量，工程师会选择不同的铸造方法。所有的铸造方法都是一个高度自动化和非常精确的过程。

## 白车身

从白车身开始，迷你的制造变得严肃起来，此时工程师会将详细的计划和复杂的零部件和材料变成一辆真正意义上的汽车。正是在这个广阔的区域，整个制造开始，大约经过两个半小时和许多组装站，机器人会以极高的精度将车身焊接、黏合和拧紧在一起。

白车身的名字应该起源于汽车发展早期，当时工程师制造汽车时会大量使用木质材料，为了防止腐烂他们会给木头涂上白色的防腐剂。但是在今天它已经变成了一个完全现代化且高度自动化的过程，大约90%的工作都不需要人为干预即可完成，每次操作只耗时60秒。组装是从底板和隔板开始的，然后是车身侧面和车顶，紧接着就是"悬挂着的部件"，即车门、尾翼、发动机舱盖和尾门。接着经过检验和清洁后，完成的车身壳体会被送往喷漆车间进行下一道工序。

听起来很简单，难道不是吗？好吧，现实则有点复杂，因此是时候仔细看看到底发生了什么吧！首先需要提一点，这个区域的代号是TR-0-3，这有些不同于喷漆车间和最终装配车间。事

实上，对于参观者来说这有些复杂，因为白车身过程并不是通过一系列清晰的组装站来安装零部件的，而是由许多个子装配程序组成的，它们集合在一起形成了完整的车身。好吧，我们按照顺序来一个一个地看。

不过在此之前，我们首先要简要解释白车身组装顺序。以前，牛津工厂利用不同的生产线来组装车身的每一个零部件，每天生产预定的数量。但是这套系统有一个缺点，如果一种型号在生产线上出现延误，那么喷漆车间和最终装配车间就会出现生产量不足的情况。因此，从最新的F56迷你开始，牛津工厂

↑ 面板运抵牛津工厂几个小时后就会进入组装生产线。

### 事实和数据

■ 白车身组装区占地约10万平方米（相当于14个足球场），约650名工人三班倒工作。

■ 一个完整车身壳体需要1000个机器人来点焊，根据型号车身重量为350~400千克。

■ 每个车身壳体使用435个面板，每天有80辆运输零部件的货车抵达牛津工厂。

■ 每个车身壳体最多包含6000个焊点，每个焊缝的中心温度为1500℃。

■ 每个车身壳体包含60米长的黏合缝和8.4米长的焊缝。

开始使用"国际化生产-物流系统"，通过电子指令来制造汽车，所需的零部件和材料会同时生产。这些电子指令的顺序对应制造流程，让零部件的库存期只有四个小时。工厂的仓库有250~350个完整的车身作为缓冲，防止出现问题而停止生产。记住，整个生产线的任何一个阶段出现微小的问题就会影响整个生产过程。下面的流程就很简单了，按照顺序将车身送到喷漆车间即可。

### 隔板

隔板是每辆汽车都有的重要的结构部件，它的作用不仅是分隔发动机舱和驾驶舱，而且还是多种零部件的安装载体，例如仪表总成、加速踏板和制动伺服装置等。它还充当其中一个"硬点"，所有"硬点"共同定义了汽车的形状和尺寸。

对迷你来说，主隔板是斯温登工厂生产的，到达白车身组装区后，工程师会给它安装很多附加零部件，包括强化支架和支撑零部件的螺栓等，然后再让它变成车身壳体的一部分。值得注意的是，所有零部件都是统一规格的，这意味着牛津工厂的所有车型都能使用相同的隔板。此外，隔板还具有工程师所谓的"双转向舱口"，这意味着左侧和右侧驾驶车型都能使用相同的隔板，简化了生产的复杂性。附加零部件包括风窗玻璃下的舷窗板，它首先要被装进框架内点焊。完成后，一个机器人会将隔板送至传送带，将它运输到下一个主装配区。

### 前端装配

在前端装配区，机器人会将各种关键零部件安装在一起形成车身壳体的前

↓ 前隔板的装配。图中我们能看到隔板上有许多用来安装各种零部件的洞和缺口。

端。主要零部件是发动机舱盖和左右侧梁，包括悬架转动台。前端还包含一个向两侧延伸的底盘纵梁。

进行点焊前，一个机器人会在不同地方涂上一层密封剂，来防止水蒸气进入，接着隔板和侧梁会被专门的夹具夹住固定。在这个阶段，精确对齐是至关重要的，因为前端不仅在整个悬架几何结构中起到重要作用，而且还是前副车架的安装点。偏差会对后面的安装产生很大的影响，尤其是安装动力系统时，因此夹具的精准度要在±0.1毫米以内。一个点焊机器人先进行一些点焊来固定和对齐，然后会形成一个完整的前端。

**亚历克斯·麦肯齐**

质量操作员

"2012年6月，我正在牛津布鲁克斯大学学习赛车工程，并且作为一名实习生来到牛津工厂。最开始的一年，我参与到了F56三门迷你的准备工作，并承担和首创了一个生产前的在线监测过程。简单来说就是将预生产手册中的测量值和公差与在实际装配时的数据结合在一起。这是一项很吸引人的工作，要有很强的责任心，有很多机会为自己开发问题解决方案。结果我最终没有离开迷你，在接下来三年里我一边继续工作一边获得了学位。在未来的某个时刻，尽管我还不能完全确定自己的能力，但我想要尽情享受工作的热情。目前，我很喜欢在牛津工厂的工作，并在业余时间从事一些赛车相关的活动。"

### 后端装配

这里的装配过程与前端装配基本相同。所有零部件也都是斯温登工厂生产的，进入牛津工厂的装配区后，机器人会将所有零部件安装在一起。车型不同零部件的数量也不同。以F54迷你

Clubman的后端为例，它由八个主要部分组成：左右侧轮拱/悬架支座、行李舱底板、后横梁、座板、左右侧纵梁和尾端密封板。装配过程与前端基本相同，先用密封剂密封，接着再用夹具夹紧固定，最后进行点焊。

⬇ 机器人正在对前端隔板进行点焊，包括底盘纵梁和悬架支座等其他零部件。

## 小推车

在相当于14个足球场的巨大区域内，从一端到另一端的路程很长。为解决工人疲劳的问题，牛津工厂提出了一个有效的解决方案。工人前往其他区域时可以使用一辆小推车。这些小推车最初是给维修工人准备的，帮助他们尽快到达维修点，但现在任何人都可以使用。它们是非常有用的，工人可以将工具或小零部件放在车上。

➜ 机器人正在装配车身的后端。

### 主底板

主底板也是由斯温登工厂生产的，但是在最终变成迷你的车身前还有很多工作要做。尽管不同车型的长度差别很大，但所有底板都是在白车身组装区的同一生产线上装配的。装配过程的第一步是加装强化支架和一些用于安装安全带和座椅等零部件的固定螺柱。接着是安装形成中央通道的零部件，中央通道

的空洞用来安装变速杆和驻车制动手柄。接下来机器人会用密封剂密封并进行点焊，有时工人也会将单个零部件装入框架并进行点焊。

### 车底结构

在这个装配区，前面介绍的前端、后端和底板会组合在一起形成车底结构。首先，完成的前端和后端到达装配

→ 在点焊前，要将前端、主底板和后端准确对齐定位。

↘ 首先进行点焊，确保三个部分正确对齐并形成正确的几何结构。

↓ 机器人正在将底框梁从装配区运送到焊接区。

区，机器人上的摄像头和传感器会检验零部件是否正确（与预先编程的制造序列相比较），准确无误后就会将它们送到传送带上。主底板也经历同样的过程，接着机器人会将三个部分安装到定位销上确保准确对齐，首先放置前端，接着是主底板，最后是后端。下一步工作就是点焊。

点焊过程也是首先进行关键位置的点焊，确保三个部分正确对齐并形成正确的几何结构。接下来就是剩余的点焊。

## 底框梁（内部）

接下来的工作是加装内底框梁来增加车身的结构完整性。装配好的底框梁会被放置在货架上，左右两侧分别位于焊接区两侧。机器人会拿起底框梁并将它放置在走道上面的框架上，另一个机器人会将它送至焊接区。经过检验确定准确无误后，机器人会给它涂上密封剂，接着用夹具将它夹紧固定，然后再利用点焊将它固定到底板上。

## 底框螺柱

随着前端、底板、后端和底框梁合为一体，下一步是安装六个螺柱群（根据车型，最多有240个螺柱）。这些小螺柱在后面会成为数百个零部件的安装点。正如前面的许多工作，这项工作也是完全自动化实现的。螺柱存放在装配区旁边的容器内，它们由气压通过管道输送至机器人并通过电

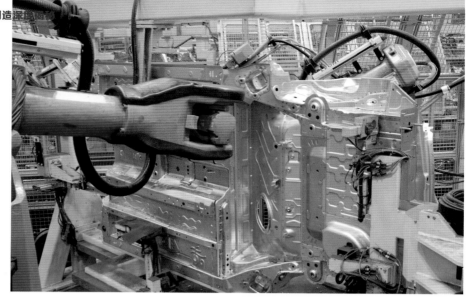

→ 螺柱装配区，机器人正在安装螺柱，这些小螺柱在后面会成为数百个零部件的安装点。

⬇ 螺柱被存放在装配区旁边的容器内，螺柱安装是一个完全自动化的过程。

↘ 一些螺柱已经被焊接固定到位。从图中我们还能看到一些焊缝。

阻焊固定到位。机器人实时监控螺柱的质量和位置，如果机器人检测到不符合标准的地方，会自动丢弃。所有螺柱安装完成后，底框会被送到其他区域进行其他装配。

## 框架1

车门、车顶框架和主支柱构成的车身侧面看起来像一个单独零部件，但事实上它是由三个独立部分组成的。这个区域也被称作框架1装配区，里面十

个机器人的工作就是将内框架连接到完整的底框架上。机器人给内框架涂上密封剂后，将它降低到底框架旁边，确保正确对齐后进行点焊。接下来安装框架门，首先进行点焊确保结构基本尺寸精度，左右两侧的工作是同时进行的。

在框架1装配区，还有很多零部件需要点焊固定到位，包括前后玻璃上部的横挡，横挡与车顶支撑梁一起将两侧连接起来。接下来机器人会完成剩余的点焊形成所需的结构完整性。点焊分

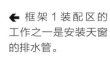

← 框架 1 装配区的工作之一是安装天窗的排水管。

↓ 进入框架 2 装配区的车身壳体，接下来的工作是安装面板增加结构强度。

两阶段完成，原因是如果由一个阶段完成将会耗费过多的时间。事实上，在二次点焊时，机器人还能同时安装天窗（如果有）的排水管，这些橡胶管位于车辆两侧的顶部，沿着前后玻璃支柱，可以将过多的水排到地面上。

## 框架2

　　框架1装配区完成了车身的基本形状，框架2装配区的工作是增加两侧的强度。在安装包括B柱（通常采用更厚

← 车身壳体两侧是专门设计的框架，在下一阶段它们就会被点焊到位。

↑ 一台精密的探测摄像机正在检验车身壳体。

系统确保没有问题的产品进入到下一道工序。

装配过程的关键工具是探测摄像机和安装在机器人上的激光仪，它们实时检测车身上的500个点位。这些探测器的精度为±0.05毫米（相当于人头发宽度的一半），它们检验每个点位的数值和公差是否符合规范标准。检测到的问题不同，由此触发的动作也不同。较大的偏差可能会让整个生产线停产，而较小的偏差可能只会引起一个小警告，让工程师判断数值是否在可以接受的范围内，并允许继续生产。探测摄像机关注尺寸精度，还有一些工具用来检验密封剂和黏合剂的位置和数量，确保零部件和过程都是正确的。这种实时监控还有另一个优点，因为它能让工程师发现一段时间内的趋势，可以在事情变得更严重前提前做好准备。

参观者可能会注意到探测站上的校准柱。每根校准柱大约有几英尺

## 质量控制

回到20世纪70年代，很多英国车都被冠以质量差、易生锈和可靠性差的坏名声。但是今天像迷你这样的公司在质量控制领域已经投入了大量精力和技术。在白车身装配区，"无问题向前"

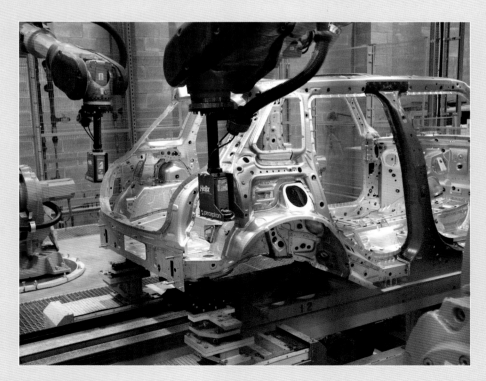

→ 探测摄像机正在对车身壳体进行检测，它会立即识别出任何问题。

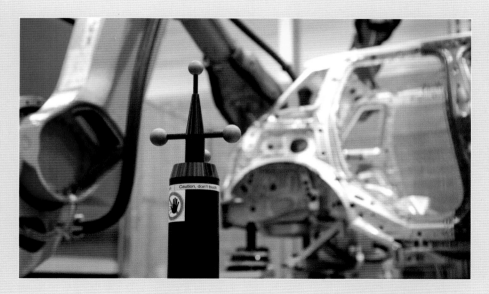

这些校准柱确保探测摄像机能正确定位，它们每隔几秒就会自检一下。

高，安装在一个固定位置，上面有三个小的反光球。摄像机通过轴线时得知小球的位置，这样会让机器人在测量前定位自己的位置。如果检测到问题，机器人会将零部件抬离生产线，并将它放在一个单独的收集区域等待进行下一步检验。在一个车身中采用了如此多的连接技术，检测它们的质量是非常重要的，因此探测器还会检测点焊电流等数据参数。此外，工程师还会采用成品抽样检测的方法，他们可以用超声波检验焊缝的尺寸和深度，用锤子和凿子检测焊缝的强度。最后，每个完成的车身壳体都由手工进行清洗和检验，确保表面没有任何缺陷。

利用仪器检验焊缝的质量是整个生产流程中连续实时检验的一部分。

→ 注意中央B柱的不同颜色的金属。基于安全考虑，B柱会利用较厚的钢材。

↓ 框架3装配区的机器人正在安装车身外侧，照片右上角是一个车顶面板。

的钢材）在内的中框架时，要在车身上进行更多的点焊来增加强度。的确，在框架2装配区壳体的强度会显著增加，这对于保护乘客来说非常重要。也是在这个装配区，机器人会安装许多金属支架以及用于隔声和防水的泡沫垫。点焊完成后，紧跟着的是二次点焊以进一步

增加焊缝的强度。

## 框架3

框架2装配区完成的车身壳体会由传送带运输至框架3装配区进行最后的框架装配。在这里，机器人会给壳体安装外侧框架，形成最终的可以进行喷漆

的车身壳体。机器人会再一次安装很多支架和金属零部件，并且会选择正确的工具来对齐，将车身壳体送到点焊区。首先，机器人将它固定在正确位置，然后利用点焊来确保正确的几何形状，下面的工作就是完成剩余的点焊。值得注意的是，主要的强化工作已经在框架1和框架2装配区完成了。除了外侧框架，框架3装配区还进行车顶的安装，当外侧框架安装完成后，一个机器人就会立即将车顶安装到位。

## 自动螺栓紧固装配线

自动螺栓紧固装配线是白车身组装区的倒数第二道工序，在这里机器人会安装所有剩余的面板。

机器人会将车身壳体送至传感探测区检验在此之前完成的框架装配的精度，通过检验后机器人会将它送至另一个装配区来安装车门、前翼子板、发动机舱盖和尾门。首先，机器人会将车门安装在定位销上固定，接着再安装各种

↑ 其中一台升降机正在将完整的车身壳体运送到下一个组装区。

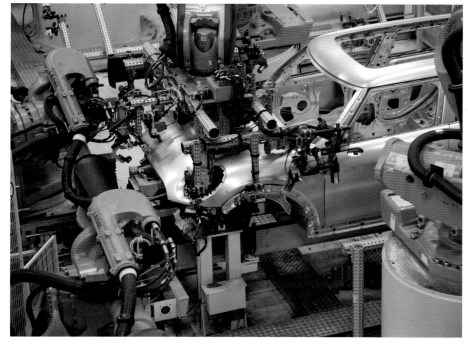

← 在自动螺栓紧固装配线，机器人会将发动机舱盖等零部件仔细对齐并安装。

↑ 两侧车门是同时安装的。图中机器人正在安装一辆5门车型的车门。

↓ 机器人正在安装3门车型的尾门，探测摄像机能保证面板和车身正确对齐。

零部件。同样，每个零部件都通过最佳方式来安装，与此同时摄像机会实时检验车身和面板尺寸，让机器人能够将面板精确就位。

安装车门、发动机舱盖和尾门时，所有的铰链都没有采用点焊固定，而是采用更清洁、能耗更低的螺栓固定。各种固定件储存在装配线旁边的容器内，通过气压软管供给机器人使用。

### 完成车身装配

离开自动螺栓紧固装配线后，车身壳体会来到白车身组装区的最后一站。在这里的第一项工作是加装一个固定件来安装位于车门前缘到轮拱间的前翼子板部件。在安装固定件时，工人会用A柱上的固定钳将前翼子板固定到位。安装时工人可以用一根临时支架让发动机舱盖与前翼子板分离，用其他临时支架让车门和尾门半开。所有的工作都有助

← 工人会手动检验每一个完成的车身壳体，任何微小的瑕疵都会影响喷漆的效果。

于喷漆车间的工作，以便让保护性静电涂料流进车门的所有区域。

　　工人会手动检验车身表面，任何缺陷都要进行整改。接着清除掉车身面板上的污垢和灰尘，完成的车身会被送到仓库，等待进入喷漆车间。成品仓库总共能容纳大约330个车身。

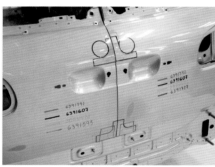

← 迷你 Clubman 的车身壳体，工人会重点审查突出区域，确保每个面板都是完美对齐的。

↓ 完成检验和清洁后，完成的车身壳体会被送至仓库并等待进入喷漆车间。

➜ 机器人会将车身壳体自动定位和旋转,旁边的机器人使用喷射枪用精确计量的黏合剂进行黏合。

## 黏合剂和密封剂

　　尽管在白车身组装区中绝大多数连接都依靠电阻点焊,但仍然有些区域需要使用到黏合剂和密封剂。点焊是贯穿整个工业自动化的固定工艺,往往应用到需要额外结构强度的地方。对于迷你来说,只有车身壳体后部的纵向零部件和轮拱的凸缘会采用点焊连接,但是,车身和面板间的大量连接需要使用黏合剂和密封剂。这些黏合剂和密封剂既能防止水蒸气进入,还能降低面板或零部件间的振动,此外还能在一定程度上增加点焊凸缘的强度。这些黏合剂和密封剂需要专门配置,不会对其他装配流程造成影响。例如,它们不会降低点焊的强度和有效性,或者污染在喷漆车间里使用的各种保护层。但是不管黏合剂还是密封剂在通过喷漆烤炉时都会完全固化。

⬇ 焊接和组装区的工作会受到实时监控和控制,让工人能够发现并纠正任何问题。

## 监控

　　最终装配区有一个专门的控制室,监控工具和机器的反馈。首先,工人能从屏幕上监控各种活动和操作,如果发现任何问题会立即通知维修团队。每个机器人也会连接到IPST(国际生产系统技术)系统,该系统能监控设备、反馈信息和生成报告。当发现问题时就会自动通知维修团队。

## 装载单元

到目前为止，我们已经讨论了在白车身组装区的主要零部件是如何合为一体的，但是我们还没有讨论这些零部件是如何装配的。例如，诸如内、中和外车身侧面等零部件都是由很多独立部分组成的，这些部分必须点焊在一起才能形成一个完整的部分。尽管白车身的大部分工作都是由机器人来完成的，但是将这些单独的零部件装到夹具上则由熟练的工人来实施。

每个装载单元上都有一个显示器显示正在制造车辆的代号，例如F56代表一辆三门车型；F5X代表所有车型的通用零部件。因此工人清楚地知道应该从旁边的货架上选择哪个零部件来加工。此时，制造也是按照顺序进行的，让完工的车身按照正确的顺序进入喷漆车间。随着零部件被安装在夹具上的正确位置，它们会被夹紧固定以确保正确对齐。接着工人会退出装载单元并关闭夹具旋转的安全开关，将整个零部件移交给机器人来进行点焊工作。一个转盘上最多有四个夹具，工人可以在一个零

部件进行点焊时，将另一个零部件固定在夹具上。当点焊完成后，一台升降机会将完成的零部件从装载区运送到下一工序。

这是一个高效的过程，对于确保车身零部件的精确安装非常重要。所有的装载单元都是密闭的，这意味着必须关闭安全门以隔离操作员和设备。

↑ 等待装载到夹具上的零部件，包括Clubman和五门车型的零部件。

← 零部件被夹具牢牢夹住对齐，然后由机器人进行点焊工作。

➡ 其中一个焊接枪，每辆迷你总共大约有5000个焊点。

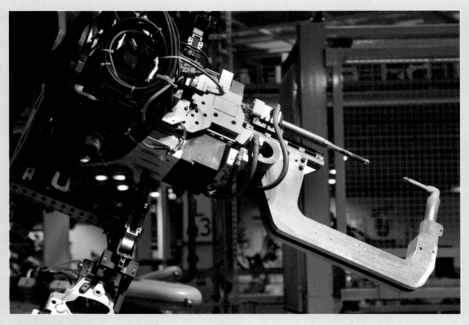

## 焊接单元

进入白车身组装区后，首先令人震惊的是庞大的机器人数量。由于如此多的机器人都在进行点焊工作，人们肯定会将这里想象成是一片火花的海洋。在牛津工厂，机器人利用电阻焊将车身零部件连接在一起。机器人焊接枪上是一对铜电极（焊接喷嘴），当电流通过金属时，电阻发热形成一个金属熔化池，熔化的金属冷却后就形成点焊。

只有当焊接喷嘴开始磨损时才会产生火花，因此要尽可能提供同样水平的点焊所需的电能。由于火花可能会危及在该区域内工作的工人的安全，为了减少火花的数量，工厂采取了两种非常聪明的方式。首先，焊接喷嘴的磨损情况会被实时监测，如果出现磨损可以立即"重新涂层"恢复到良好状态。但是如果磨坏很严重而不能"重新涂层"，机器人会立即丢弃它更换一个新的（旧的会被扔进塑料桶内收集起来用于回收）。整个过程只需要几秒钟，因此它不会对生产产生影响。这套系统不仅提供了更安全的工作环境，而且还有助于保证点焊的质量。

如果出现问题需要工人进入焊接单元内，一套专门的密钥系统会确保当进入门开启时，焊接单元会从自动模式变成手动模式。这也就意味着它不再是自动生产过程的一部分，而是允许工人使用一个专门的控制器来操作机器人进行诊断或维修。一套连锁系统确保当出入门开启时，焊接单元不会返回到自动模式，确保在里面工作的工人的安全。

下表列举的是牛津工厂生产的迷你车型的焊点数量

| 型号 | 前端 | 后端 | 主底板 | 底框架 | 侧框架 | 框架 | 发动机舱盖和车门 | 合计 |
|---|---|---|---|---|---|---|---|---|
| 三门 | 900 | 1050 | 500 | 400 | 600 | 1350 | 425 | 5225 |
| 五门 | 900 | 975 | 525 | 400 | 650 | 1475 | 500 | 5425 |
| Clubman | 900 | 1275 | 525 | 425 | 575 | 1450 | 600 | 5750 |

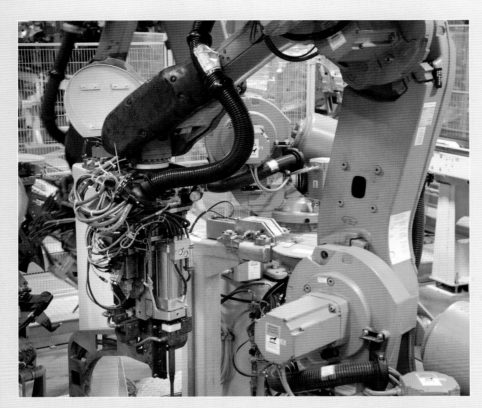

← 机器人按照编程选择正确的焊接喷嘴进行特殊工作，或者自动更换旧的焊接喷嘴。

↓ 封闭的点焊单元，如果工人利用专用访问密钥进入，机器人就会停止工作。

## 喷漆车间

白车身可以算是制造了一辆迷你的核心，但在喷漆车间的工作才是最吸引潜在客户眼球的地方。接下来我们会介绍喷漆车间的工作，在那里迷你会被涂上颜色，此外还有保护车身免受锈蚀和环境损害的各种保护层。

后一点很重要，因为在制造过程的这个阶段着重关注长寿命。每一辆迷你都有12年的防锈蚀保修期，因此要有很多方法来确保保修期内不会出现生锈的情况。以前的工人手动喷漆方法早已经被淘汰，取而代之的是一个高度自动化的过程，每辆车都要进行十几个不同的过程，从最开始的清洁和金属保护到最后的抛光。注意，并不是所有的工作都是机器人来完成的，正如我们看到的，人们通过重要的技巧和经验让每一辆迷你都具有质朴且无瑕疵的外表。

值得一提的是，牛津工厂的喷漆车间还面临其他挑战，那就是令人印象深刻的颜色选项。工厂提供16种车身颜色和4种对比鲜明的车顶颜色选项，总共有数百种组合，这让每辆车的喷漆工作都是一个显著的成就。

喷漆车间利用"车身杆"来进行特殊要求的车身喷漆。每个车身安装在两个杆上，一个在前端一个在后端，每根杆都带有一个包含信息的盘子，例如车身和车顶的样式和颜色等。车身进入喷漆车间后，扫描仪会阅读这些信息并将它们传送至相应的组装站，因此当汽车从另一端走出时就会变成顾客想要的模样。

见证从裸露的金属到漂亮车身的转变是一件非常吸引人的事情，但是准备工作和清洁是关键。接下来让我们从油漆本身开始仔细研究整个喷漆过程。

## 组合喷漆过程

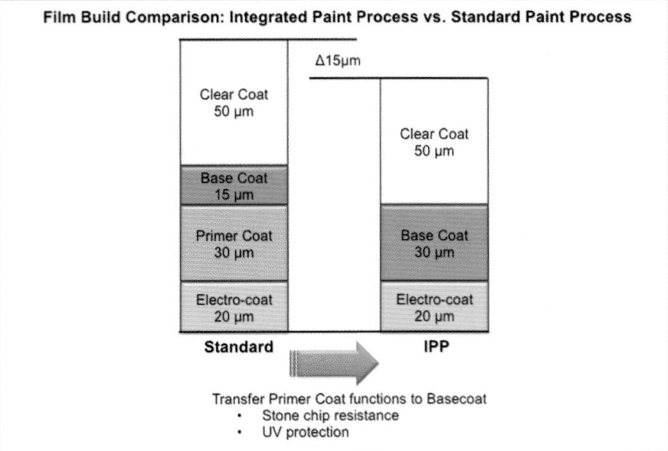

↓ 图中标明了迷你的组合喷漆过程和标准四层喷漆过程中每层油漆的厚度。

直到2006年，在制造迷你时，牛津工厂仍然采用大多数汽车制造厂的标准四层喷漆过程。四层油漆分别是20微米静电保护层、30微米的底漆层、15微米的二道底漆和最后50微米的清漆层。但是牛津工厂在世界上第一个引进了组合喷漆过程（IPP），它与以前的区别是15微米的二道底漆层、30微米的底漆层变成了30微米的底漆层。它有两个作用，首先是提供传统底漆的碎石和紫外线保护性能，第二就是形成顾客所需的颜色。

新工艺有两个主要的优点，分别是提高生产能力和更加环保。因为以前的底漆加工区现在被用作色漆加工区，无须增加额外的加工空间；牛津工厂宣布新工艺能够降低14%的能耗，以及13%的废物（主要是挥发性的有机化合物溶剂）排放。

Film Build Comparison: Integrated Paint Process vs. Standard Paint Process

Δ15μm

Clear Coat 50 μm

Base Coat 15 μm

Primer Coat 30 μm

Electro-coat 20 μm

**Standard**

Clear Coat 50 μm

Base Coat 30 μm

Electro-coat 20 μm

**IPP**

Transfer Primer Coat functions to Basecoat
· Stone chip resistance
· UV protection

## 油漆储存和混合

油漆是装载在密封金属桶里运抵牛津工厂的，每个金属管的重量大约为1000千克，随后工人会将它们放置在油漆仓库内。尽管油漆在仓库里存放的时间不会很长，但是也需要让油漆保持在合适的温度，确保一直处于最佳状态。油漆桶的数量是由颜色的流行程度决定的，但油漆车间也会储存一些冷门颜色的油漆。还有就是底漆上部的清漆层，清漆层不仅有保护作用，还有光泽效果。因此它的用量会相对较多，每周要用掉5桶清漆。

工人也要对油漆本身进行处理，让它的黏度对于喷漆机器人来说正合适，因此工人通常用纯净水来稀释。一旦准备完毕，油漆会被抽进一个300升的油漆箱内，一个负责车顶颜色，两个负责

↑ 喷漆车间的油漆仓库，里面有各种颜色的油漆，都处于最佳的使用状态。

↓ 从油漆箱开始，油漆由电动泵驱动通过数千米的管道抵达喷漆机器人的喷嘴。

## 事实和数据

- 喷漆车间的占地面积相当于17个足球场，包括16千米长的传送带和30千米长的管道。
- 每辆迷你需要超过60个机器人完成喷漆工作，每小时大约有45辆车离开喷漆车间。
- 每辆迷你需要4升的彩色油漆。
- 根据型号，每辆迷你使用1.6~1.9升车蜡和77米长的接缝密封剂。
- 每辆迷你的喷漆时间需要9.5小时，但如果有对比鲜明车顶颜色的话，将会增加4.5小时。
- 顾客可以选择16种车身颜色和4种对比鲜明的车顶颜色。总共有600多种组合。
- 胡椒白是最流行的颜色，午夜黑是第二流行的颜色。

↑ 牛津工厂的喷漆车间，在这个迷宫式的建筑里，迷你被涂上了各种颜色。

车身颜色，电动泵会将油漆通过数千米长的管道输送至喷漆机器人。事实上，管道本身就能容纳1500升油漆，我们可以自己想象一下油漆每天的巨大用量。

## 预处理

车身壳体由一套自动传送系统送至喷漆车间，接着经过一个16阶段的过程从最基本的金属表面变成各种颜色的光泽外表。白车身装配区完成的车身壳体都有一层防止锈蚀的保护层。但是在喷漆过程开始前，最关键的还是清除掉表面的油脂、污垢和其他脏东西。

利用特殊的清洗液体可以清除掉车身壳体表面较大的灰尘颗粒。整个过程耗时30秒，清洗液要保持在40~50℃。清洗液体可以重复使用。接下来是两阶段的清洗，持续约4分钟，利用水和碱性药剂的混合物，每个阶段都能洗去更多的脏杂质。需要指出的是，在上面介绍的每个阶段中，车身壳体都会完全浸没在清洗液体内，车身壳体的缓缓晃动以及清洗液体的搅动能防止形成气泡并确保清洗干净每个角落。如果想要喷漆工作变得完美，那么车身壳体上的每一个角落都要认真对待。

接下来是两个阶段的清洗浸泡，耗时约30秒，清洗液体处于合适的环境温度。两阶段清洗浸泡为下一阶段做好了准备，在下个阶段会用到调节

## 鸵鸟羽毛

↓ 清洁表面在喷漆过程中非常重要，牛津工厂使用的是鸵鸟羽毛。

任何一个想要给汽车喷漆的人都知道保持表面干净整洁是最重要的。牛津工厂使用的东西很特别，那就是

鸵鸟的羽毛。牛津工厂的鸵鸟羽毛来自南非农场的雌性鸵鸟，因为雌性鸵鸟羽毛比雄性的更好（雌性鸵鸟很少会打架，不会对羽毛造成损坏）。而且只有一级品质羽毛，长度在13~16英寸(1英寸约为25.4毫米)才会被用来清洗迷你的车身。重要的是，鸵鸟羽毛不会产生任何静电，它们可以清除掉车身表面松散的灰尘颗粒，这些灰尘颗粒再由滚筒上方的抽真空系统吸走。鸵鸟羽毛每隔六个月就要更换一次。

剂，即人们俗称的活化剂。活化剂会让金属壳体为下个阶段做好准备，下个阶段非常重要，可以被视为迷你车身保护过程的真正开始。车身壳体会在磷酸盐溶液中浸泡3分钟，让金属表面形成一层很薄的磷酸锌。磷酸锌不仅让壳体为下阶段做好了准备，而且为裸露的金属提供了重要的防腐保护。经过两道单独的冲洗后，车身壳体会被移动到钝化槽，在那里锆基液体会防止金属表面进一步形成磷酸盐结晶，并确保表面光滑。

在脱盐水中完成最后一次浸泡后，车身会被浸泡到包含78%脱盐水以及溶剂、颜料和树脂的混合液体中，形成一层电泳漆保护层。电泳漆过程会为接下来的密封和喷漆打下基础，整个过程耗时4分钟。浸泡箱里的164个阳电极能够确保保护层厚度达到20微米，并且保护层能覆盖壳体的每个腔体。接着车身壳体会进入一个三级过滤过程来冲洗并回收多余的涂料。为了持续保证电泳漆过程的高质量，浸泡箱每隔15分钟过滤一次，每三个月就要完全更换。

接着涂有电泳漆层的车身壳体会在脱盐水中浸泡清洗30秒，然后会被送往一个烘箱，在那里在180℃下烘烤30分钟，将电泳漆层烤至坚硬。为了确保电泳漆的完美，工程师进行了大量的工作。喷漆车间内的气压是正向的，防止外面的脏东西进入。由于牛津工厂采用了没有传统底漆层的一体化喷漆工艺，这也反过来意味着表面上的任何缺陷和瑕疵都会更加明显。工人检验表面时会戴上手套，因为如果用力过大可能会产生斑点或小窝。当车身壳体通过这项检验后就会被送到鸵鸟羽毛滚筒处清洗。

**密封**

现代单体车身壳体都是由分离的面板和零部件通过点焊工艺制造而成的，因此会产生大量接缝。接缝主要存在于车身、发动机舱盖和尾门等开启部件，以及轮拱内部和车身壳体内部。接缝不仅看起来不美观，而且还可能会漏水，最终导致车身腐蚀。牛津工厂的解决方法是在接缝密封处涂一层聚氯乙烯密封剂。

在涂抹密封剂前，要先在车门、发动机舱盖和尾门上拧上很多"钩子"，这些"钩子"将允许特定的机器人打开这些零部件，进而让密封剂涂抹机器人能够正常进入。密封剂涂抹机器人是由瑞士ABB公司制造的，它表面有一层织物覆盖，防止在运动

↑ 在最后一道喷漆工艺前，车身壳体要经过很多清洗和保护处理过程。

**雷切尔·尼瑞**

生产操作员

"我一直知道我想在汽车行业工作，因为我的家人都在这里，而且我很早就开始喜欢汽车了。我大学的专业是物理学，它与工程学有密切的关系，都是想要理解事情是如何运作的，以及为什么会这样运作。因此毕业后加入迷你的毕业生计划是一个完美的选择。我喜欢旅行和宝马汽车，因此很享受在德国度过的一年时光，在这一年里我分别在慕尼黑的研发和创新中心以及莱比锡的宝马i系生产基地工作。我现在的工作在喷漆车间，是整个生产过程非常重要的组成部分。保持与汽车的密切联系对我来说真的很重要，未来我也会在这个领域继续发展，提高自己。"

⬆⬆ 摄像机定位系统能确保密封剂的正确涂抹。覆盖的织物能防止密封剂进入机器人的活动部件。

⬆ 某些区域机器人很难到达，这就需要熟练工人来手动操作。

时过多的密封剂进入活动部件。机器人由特殊的摄像机来定位，车身壳体的四个孔充当定位基点，而且车型不同，定位小孔的位置也不同。当摄像机定位到这些小孔时，机器人会知道正在处理的是哪一种类型的车身，并根据程序涂抹密封剂。此外，有些难以操作的地方需要手动涂抹密封剂。

下一个阶段是在车身壳体的特定区域安装隔声材料板，例如底板、传动轴通道和车门内部隔板等。这些隔声板是自粘性的，工人会根据安装位置将它们切割成特定的形状。这种轻便的隔声板能降低噪声以及平坦金属面板的"击

鼓"效应，提高驾驶时的舒适度。安装完成后，车身壳体会被送进烘箱，出来后隔声板就能牢固就位。

接下来就是密封过程的最后一步，即传统的底密封。底密封在汽车上应用了很多年，具体方法是在底板底面和其他易损区域涂抹特殊的材料起到防腐作用，并保护它们免受石屑和道路碎片的伤害。机器人会涂抹聚氯乙烯保护层，经过烘箱处理后就能形成一个额外的橡胶保护层。但是在牛津工厂出于减少浪费的原因，不会对燃油箱和排气系统等一些没必要的区域实施底密封过程。

↑ 工人正在安装自粘隔声板。隔声板的作用就是降低噪声，提高驾驶体验。

← 车身底部涂抹聚氯乙烯保护层能保护它们免受石屑和道路碎片的伤害，进而提高汽车的寿命。

↑正在等待进入喷漆室的车身壳体。

## 汤姆·本内特

喷漆车间主管

汤姆在2017年初接受了采访，当时他正准备从工作38年的喷漆车间岗位上退休。有人送了他一辆写有"goodbye"标语的迷你模型。

"我从1978年就在这里，当时考利工厂还在生产奥斯汀Princess和MG，我为最后一辆MGB GT进行了喷漆工作。当时的工作与现在相比完全不同，我们手动喷涂含铅油漆时几乎没有任何保护措施。没有防毒面具，我们只有一个简单的口罩，用凡士林来堵住缝隙。车间里真的很热，我们甚至不得不补充盐片来防止脱水。真的难以置信，现在情况完全不一样了，看到了这几年的所有变化，我敢说今天使用的材料和系统都是世界级的。不管怎样，

我们家对这里都有深厚的感情，我父亲是冲压车间的一名领班，在这里工作了41年。我弟弟和妹妹也在这里工作。现在，我的两个儿子也在这里，一个在物流部门工作，另一个在展示区实习。当宝马收购后，我进入了管理层，负责管理喷漆车间。这个工厂是我生命的一部分，离开的时候我真的很难过。"

### 喷漆

完成前面提到的一系列处理过程，并且通过彻底检验后，车身壳体会被送到三条喷漆线喷涂顾客选择的颜色。第一步喷涂底漆，有16种颜色可供选择。机器人会喷涂所有的暴露区域，喷涂时车门、发动机舱盖和尾门都会处于开启状态。还记得在密封阶段的那些"钩子"吗？现在它们会再次起作用，机器人会利用它们打开每个面板来进行喷涂工作。车身壳体剩余的部分采用静电喷涂，静电喷涂能让油漆有效分布，形成一个均匀的表面。由于采用的是水基油漆，油漆本身不导电，因此这项工作由安装在喷嘴上的很多电极来完成。这些电极会将油漆加压到7万伏，并使其原子化，让油漆均匀覆盖在车身表面，形成一个25微米厚的油漆层。

单一的喷漆程序形成的纯色车身还是与金属光泽存在不同。金属光泽车身是由两阶段（湿－湿，即两阶段没有干燥的时间）程序完成的，第一阶段是静电喷涂，利用纯色油漆喷涂油漆量的70%，接着在第二阶段喷涂剩余30%的云母漆，厚度约为15微米，以产生金属光泽。后者采用传统的喷漆方式，一个喷枪在气压的作用下喷涂油漆。事实上，在第二阶段中，喷嘴会产生大量漆雾，车顶的加压系统会将空气向下推动，车身下面的水槽吸收多余的油漆进入混凝池。在那里水和油漆会被分离进行下一步处理。

完成底漆的喷涂后，车身会被送进一个80℃的红外线烘箱（俗称"油漆闪干室"）。这是关键的一个步骤，它的作用是去除掉油漆中的水分，让车身为接下来的溶剂性透明层的喷涂做好准备。尽管这会让油漆外表看起来很暗，

← 机器人正在喷涂车身壳体内部，确保油漆覆盖车身壳体的每个表面。

← 喷漆工作基本完成。注意顶部的机器人正在利用先前安装的"钩子"让发动机舱盖处于开启状态。

↙ 机器人会在喷漆前打开车门、发动机舱盖和尾门。图中我们能看到装在尾门底部的"钩子"。

↓ 喷嘴上的电极能够对水性油漆施加高电压，保证油漆均匀覆盖在车身表面。

→ 在喷漆过程中，车身会通过多个烘箱，每个烘箱都有助于让车身具有耐用的光泽外表。

↓ 一名工人正在检验车身喷漆。这项工作需要丰富的经验和细腻的触感才能检验出最微小的缺陷。

↘ 如果检验到缺陷，熟练的工人会在车身进入下一个过程前立即进行处理。

但如果不这样做，表面可能会出现小孔和凹坑，影响最终的外表。在这个阶段，激光探测仪会检验每个部分，确保油漆的厚度达到要求。

底漆干燥后，车身壳体会被送至小隔间，机器人会喷涂清漆层，厚度约为40微米，它能提供最后的保护和顾客想要的光泽。所有的喷涂都是由机器人来完成的，清漆是溶剂性的，因此可以进行静电喷涂。接着车身壳体会被送回至烘箱进行45分钟的烘烤，其中包括在140℃下烘烤20分钟。

## 喷漆检验

前面最难的工作都已经完成，现在只剩下最后一个重要的过程，那就是质量检验。迷你对质量的绝对控制在前面提到过很多次，这也同样适用于喷漆车

间。对于每一辆迷你，熟练的工人会手动仔细检验喷漆工作的每个地方，寻找最细微的痕迹和瑕疵。如果发现缺陷，他们会用一个小的手动电动抛光机来去除掉缺陷。这个过程并不是人们想象的那样直截了当，因为每个工具都是预先编程的，让抛光过程精确持续12秒，工人只需要按下开关即可。相关数据会被传送至中央数据库，以确保程序按照正确的指令实施。但是工人会根据自己的经验来判断是否需要更短的时间来去除掉缺陷。这是迷你的生产注重细节的另一个实例。

## 颜色变化

我们前面已经讲到顾客可以选择很多种颜色配置，但是由于牛津工厂每天要生产1000多辆汽车，过多的颜色配置很容易给喷漆车间带来很多问题。为了让喷漆过程尽可能高效，喷漆车间会按批次生产，例如一次性进行很多辆相同颜色车身的喷漆工作。但是牛津工厂的机器人有能力随时更换油漆颜色，以便给不同车身喷涂不同颜色的油漆。

更换油漆颜色不仅可能会对相邻的车身产生影响，而且还有可能出现过度喷涂的问题，影响喷漆质量。为此牛津工厂采用了一个精准喷漆工艺和高效的通风系统来解决这些问题，让机器人改变油漆颜色的时候不会对整个喷漆过程造成影响。基本上，油漆都被放在一个换色装置中，该装置将油漆泵送给机器人，如果需要一种新颜色，换色装置会停止输送油漆，并用溶剂（主要是脱盐水）冲洗管道和喷嘴，然后输送需要的油漆。这样做固然很高效，但是每次冲洗要使用半升溶剂，因此首选的方法仍然是分批喷涂。

## 对比车顶

个性化是迷你的重要组成部分，顾客其中一个选择权就是让车顶的颜色与车身区别开来。因此，忙碌的喷漆车间如何满足这项要求呢？

首先要注意的是只有存在不同颜色车顶的车身才会有第二次喷漆过程，前面介绍的喷漆过程已经让油漆覆盖了整个车身。通过最后的喷漆烘箱后，需要不同颜色车顶的车身会被送到一条额外的喷漆线，在那里工人会用一个研磨垫擦掉车顶的油漆，来帮助新油漆的黏附。他们会将剩余的车身用塑料布和胶带覆盖起来，只留下车顶暴露在外。整个过程耗时很短，熟练的工人每小时能完成很多辆。事实上，该区域的生产能力最高能到日产量（前面提到大约为1000辆/天）的80%。接着，车身会被送回至喷漆车间，喷漆机器人会给车顶喷涂上新油漆。最后，车身再一次通过烤炉进行固化。

顾客还可以选择个性化的发动机舱盖条纹和车顶图案。前者是当汽车生产完成离开生产线后在最终装配区手动进

↑ 如果已经指定了对比车顶的颜色，主车身会被遮蔽起来后再送进喷漆车间。

↑ 一名工人正在向车身腔体内注射保护蜡。这是牛津工厂防腐处理的关键部分。

行的，而后者则由当地经销商负责。

## 腔体保护蜡和泡沫

完成喷漆的车身在进入组装前，还有一个重要的处理过程。改善优化并将腐蚀风险降至最低是现代汽车制造中要考虑的关键问题。在牛津工厂中，每个车身会被送至一个特定区域，在那里工人会让车身的无数个腔体注满保护蜡和泡沫。机器人会将半升泡沫注入隔离壁和脚部空间等区域，这是一种声学泡沫，由液体异氰酸酯和多元醇的混合物组成。车身接着会被送往另一个区域，在那里工人用气枪将一定剂量的保护蜡注入可能隐藏湿气和存在腐蚀的空腔。车身、发动机舱盖、尾门、门槛、轮拱和底板槽等区域都会经过注蜡处理。最后一步是让车身处于倾斜状态，在那里让车身轻轻从一边滚动到另一边以确保保护蜡分布均匀。

## 塑料零部件喷漆

回到几十年前，新车的喷漆工作要简单很多。其中一个原因是诸如保险杠等大部分外部零部件都是金属制成的（通常是镀铬），只需要用螺栓固定而不需要喷漆。但是后来它们逐渐被一体式塑料保险杠所取代，为了确保颜色与相邻面板相匹配，汽车制造商经常会陷入困扰。为了避免这个问题，班伯里生产的迷你的前后保险杠会被喷涂同样颜色的油漆，然后再送往牛津工厂。那样能尽可能避免颜色的变化，确保颜色尽可能完美地匹配。

## 喷漆车间监控

每天有如此多的车身在喷漆车间里流动，必须对每个操作进行监控。专用的控制室能追踪每辆车，工人能够识别它在哪一道工序中，以及目前为止已经完成了哪些工序。监控系统还接受机器人传回的数据，确保喷漆厚度满足要求。工人会检验每辆车的底漆厚度，以及抽样检验成品车的油漆。系统会自动标记任何不符合标准的结构，以便必要时进一步检验。

← 喷漆车间内的每道工序都能实时监控和控制。工人知道任何一辆车在任何时候的位置。

# 目前的油漆颜色

在本书写作的时候，顾客可以选择16种颜色。根据车型和装饰级别，它们分别是：

**素色**
胡椒白
辣椒红
天青蓝
火山橙
反叛绿

**金属色**
深蓝
午夜黑
雷霆灰
电蓝
火焰红
英国赛车绿
月球漫步灰
熔炉银
白银
酒红
数码蓝

**对比车顶颜色**
黑
白
银
辣椒红

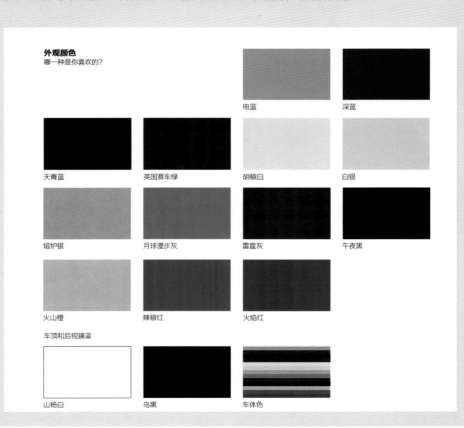

**外观颜色**
哪一种是你喜欢的？

电蓝　深蓝

天青蓝　英国赛车绿　胡椒白　白银

熔炉银　月球漫步灰　雷霆灰　午夜黑

火山橙　辣椒红　火焰红

车顶和后视镜罩

山杨白　乌黑　车体色

# 组装

当我们想到一座现代化的汽车制造厂时，首先出现在脑中的可能就是组装线，在组装线上一辆辆汽车缓缓向前移动，工人不断给它安装各种零部件，直到成品车离开组装线。接下来，我们会对整个过程进行详细的介绍。

与牛津工厂的其他区域相同，组装区的面积也很大，工人数量大约为700人，他们利用大约3000个零部件将完成喷漆的车身壳体变成一辆完整的迷你。有些零部件到达组装线时是已经预组装完成的，例如保险杠、发动机、座椅和仪表板等。有些零部件则是在单独的组装站由机器人或手动现场安装的，例如隔声材料和玻璃等。事实上，考虑到组装是一个结构化的过程，预组装系统就显得很重要。在其他地方组装好一些复杂的零部件，然后再运到主组装线上有很多优点，包括减少主组装线上的工作量；利用有限的空间设计一个更符合人体工程学的工作区；安装诸如仪表板等大型配件时降低复杂性，进而有助于降低错误或损坏的风险。

在本节中，我们不仅要详细介绍组装线本身，而且还会介绍很多确保组装线每天22小时顺利运转的内容。是时候看看迷你的零部件是如何集合在一起的了。

## 阶段1

完成喷漆的车身壳体首先会被送到一个储存区，容纳数量为250~500个。在安装任何零部件前的第一项工作就是按照订单编号重新排序。记住这是一辆已经分配订单号的客户定制车，客户从众多选择中确定的最终配置。牛津工厂在组装开始一周前会收到订单，同一时间零部件供应商会收到特定零部件的订单。组装顺序设定完成后，汽车就会处于"冻结"状态，顾客就不能再随便更改配置。

在进入组装区前，还有几个工作要完成。配备天窗的车身需要对天窗框周围进行密封；安装车顶杆（行李架）的车型需要在车顶上钻孔。这就是所谓的"后期配置"，所以不用单独制造特殊的车顶面板，所以在很大程度上降低了车身的复杂性。

设计精巧的"鸥翼"系统将车身从传送带上抬至一个木质底板框内。这个底板框并不是连续的，而是每辆车有一个，后面的会推着前面的前进。底板框顶部是一台柔性升降机，它能根据工作内容调整车身高度。

下面的工作首先要拆掉在喷漆车间安装的方便机器人进入的杆件，接着在发动机舱盖和尾门上安装气杆；将车辆识别码（VIN）印在前悬架支座上；安装发动机舱盖下的托架系统等。在这个

## 格雷格·丹顿

**组装线的总经理**

格雷格的故事始于罗孚时代："我在1992年从学校毕业后来到工厂成为一名学徒，最开始我在物流部门工作，完成四年的学徒期后我又在物流部门工作了16年，主要工作是负责安排组装线和生产计划中使用的材料。但是我已经准备好了适应不同的工作，更注重人和管理，因此我来到了组装线。从后勤来到了前线显得有点不寻常，但是我很喜欢和这里的同事一起工作，看到他们在工作中不断成长是最好的奖励。" 有人问我："在牛津工厂最好的事是什么？"我回答道："我为制造如此出色的产品，以及有如此优秀的员工而感到自豪和骄傲。我们这里有4000多名员工，但是有17000多人参加了员工开放日活动，这就能说明我们非常自豪地向家人和朋友展示自己的工作。"

阶段,一名工人使用手持电动工具在隔离壁上钻孔,作为转向柱的安装点。

## 阶段2

为了更好地接触车身内的所有零部件,所有的车门会被拆掉。电动/气动辅助设备会将它们移动到传送带上送往专门的组装工作线。组装线旁边的一个区域内,工人会给汽车配上车辆识别码(VIN)和预编编码,它们被放在一个塑料盒内,在每个组装阶段都会贴上相应的标签。

## 阶段3

车门和尾门缝隙要进行特殊处理来密封,工人使用气动工具将金属条压在密封条内,确保紧紧抓住框架边缘,用塑料夹子将前隔离壁内部安装的绝缘板固定就位,在前翼和后翼处安装保护橡胶衬垫来防止组装过程中损坏漆面。接下来汽车会被一个复杂的升降机抬至地

← 组装区的其中一个工作就是给汽车配上车辆识别码(VIN)和预编编码。它们被放在一个小盒子里,会伴随整个组装过程。

↙ 正在等待安装的密封条。

↓ 工人正在使用专用工具固定密封条。

↑ 这些旋转吊索可以将车身壳体旋转到合适的位置，方便工人工作。

## 人体工程学

　　制造汽车过去曾是一项体力要求严格的工作，工人要应付重型零部件和机械，并将零部件安装到难以触及的位置。今天牛津工厂更注重人体工程学，让工人更容易地工作，并且在很多方面都已经实现。首先，工作环境明亮且安静，工人更多使用电动工具而不是噪声更大的气动工具。诸如仪表板等零部件是已经预组装完成的，这样能让工人有更大的工作空间。工厂还安装了搬运辅助装置和旋转吊索，搬运辅助装置能帮助工人将超过8千克的零部件移动到指定位置，旋转吊索则能方便工人安装车顶和车底零部件。工人在移动的传动带旁边工作，可以让他们的工作更安全，而且避免在车辆间不必要的走动。出于同样的原因，组装区域也有很多小推车，里面放着小零部件和工具，可以随身拉着工作。小推车的建议是工人提出来的，这也是全民提高工作效率的一个实例。可调节柔性升降机能让车辆处于正确的高度，特殊的弹性橡胶地板有助于缓解工人脚关节的压力。最后是一个持续改进的例子，车门组装线位于一个移动的导轨上，利用最先进的小型传送模块技术，可以占用更少的空间。

🔖 旁边的小推车里放着零部件和工具，考虑到工人每次操作只有一分钟时间，因此提高效率是非常重要的。

← 其中一台高度可调的柔性升降机，它能很大程度上降低工人对工作高度的要求。

## 事实和数据

- 组装区分为两层。主组装线位于地面上，车门组装线则位于上一层。
- 组装线的生产量是1000辆/天。
- 每辆车的组装时间大约为5.5小时，平均要安装3000多个零部件。
- 组装线有1.7千米长。
- 组装线上的工人大约为500名。
- 组装线上平均每项工作的耗时为67秒。

面高度进行下面的组装。

### 车门组装

现在我们暂时离开主组装线，来仔细研究车门组装。在车门被送回到主组装线前，每个车门最多会安装130个零部件。首先将车门安装在一个框架上，接下来所有的工作都由手动来完成。

需要注意的是，左右门是同时组装的，每个工作都要求零部件精确到位，最大限度地提高工作效率。

↑ 前隔离壁的绝缘板已经卡入到位，它的作用是降低发动机噪声。

↓ 车门组装的第一步是安装密封条和许多其他零部件的固定夹。

↑ 安装车门内外把手和门锁，以及连接它们的线缆。

↖ 安装和固定电动车窗升降机。

← 将线束塞进车门并用卡子固定到位，它们主要控制电动车窗和中控锁等装置。

↙ 车玻璃滑入到位并连接到升降机上。

↓ 车门防水内隔膜安装到位并用密封剂密封，安装扬声器并拧紧。

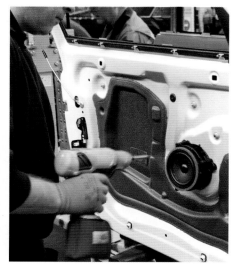

↑ 安装车外后视镜。

↗ 安装门板内把手的控制线缆。

→ 将门板（产自伯明翰）卡在正确位置。

↙ 完工的车门，它们会被送到主组装线上。

↓ 将电源连接到车门上检验车窗和中控锁等
装置是否正常工作。

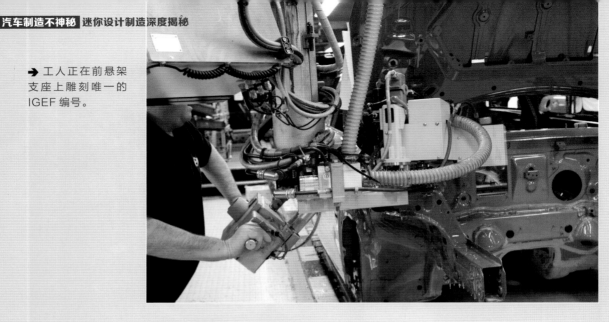

➜ 工人正在前悬架支座上雕刻唯一的 IGEF 编号。

## 转发器和识别/追踪

牛津工厂每天要制造1000辆汽车，保持每辆车的追踪对物流来说是一个巨大的挑战。幸运的是，牛津工厂有一套特殊的系统来确保制造的每辆迷你都符合客户的要求。这个系统从白车身就开始了，每个车身都会分配唯一的IGEF编号，这个特殊的编号会被刻在前悬架支座上。它确定了车型，以及是否有天窗，用于在制造过程中对车身进行跟踪。

当进入组装的时候，情况会变得有些复杂。在这里，每辆迷你都是按订单制造的，包括所有规范和顾客确定的配置。这里会有很多选择！因此工人会安装一个转发器，它是一个小盒子，里面是有关顾客的电子数据，转发器被放置在发动机舱盖上并一直伴随着整个组装。每个组装站的传感器会读取里面的数据，并在旁边的显示屏上显示出来，让工人知晓应该安装哪个零部件。转发器还能与机器人通信，让机器人知道它们正在哪辆车上工作。

这个复杂的系统也会记录迷你的制造信息，例如安装了哪个零部件，以及哪个工人安装的等。这些信息会被保留十年。而且为了以防万一，转发器内的数据会以传统的纸质备份，并贴在发动机舱盖下面。

⬇ 安装在发动机舱盖前面的转发器，里面是与顾客有关的数据。每个组装站都会读取里面的内容来确保正确安装。

↘ 贴在发动机舱盖下部的转发器数据的纸质备份。

← 正在安装天窗，整个过程由机器人自动完成。

## 阶段4

现在我们回到楼下的主组装线，首先是一个特别暗的区域。原因是摄像机阵列正在为每辆车拍照，寻找那些需要安装天窗的车身。没有天窗的车身会继续前进到下个过程，但是当摄像机识别出一个车身需要安装天窗后会让它停在这个组装站，专门的机器人会从旁边的货架上取下合适的天窗，并将它置于车顶上部。一个机械臂会将天窗缓缓落至安装位置，另一个机械臂会从风窗玻璃处进入车内安装天窗下面的固定件。

现在所有车身都会继续前进到下一个组装站，在这里车身上会安装卡子和支架等一些小零部件，为后面零部件的安装做准备。在这个阶段还会安装尾喷口、镀铬装饰件以及发动机舱盖和尾门闩锁等零部件，此外沿着侧柱上部车顶的边缘还会安装侧安全气囊。最后，无天窗车身还会安装一个隔声板，虽然这个隔声板看起来既便宜又简单，但它能起到大作用。机器人会抓起隔声板，涂一层黏合剂，接着将它交给一个辅助机器人，辅助机器人会拿着隔声板进入车内，将它按到车顶面板底部，等几秒钟黏合剂干燥后就能固定在上面。

## 阶段5

接下来是一个比较重要的阶段，即安装线束。这些线束未来会给迷你的所有系统和设备提供电力。线束是由德国德拉克斯迈尔公司生产的，它们被包裹在帆布袋中，每个线束对应特定的车型。迷你的线束重量很重，大约为20千克，包含长达3千米的电线以及大约500个插接器。当低温时线束会变得僵硬，难以安装，因此扫描安装信息确定车型后，首先将线束取出放进烘箱中在25℃下烘烤20分钟，然后再小心翼翼地打开包装进行安装。

线束的安装过程并不简单，工人要先接受安装培训，整个安装需要三至四

↓ 将车顶隔声板安装到位，只有没有天窗的车身才会安装车顶隔声板。

➜ 一辆迷你完整的电气线束，线束的插接器连接到车内的各个装置。

⬇ 每个线束在安装前都要加热，以变得更灵活，更容易弯曲。

名工人借助于柔性升降机来进行。考虑到工人每次操作的时间只有67秒，以及每天的产量为1000辆，因此工人每天要完成50万次电气连接。

线束安装的同时，工人还会安装很多内饰和外饰支架、橡胶装饰、隔热板和发动机舱盖释放线缆。如果顾客有要求，还会安装牵引杆支架。接着是安装一体式内毯，车毯的安装不仅要快，而且还要精确，必须能让线缆插接器从切槽内拉出。接下来安装制动伺服装置、电子控制单元（ECU）、脚踏板和安全带。对于Clubman车型还会安装后扰流板/高位制动灯单元。

我们现在来看车上的关键部件——仪表板。作为驾驶舱组件，仪表板是已经在其他地方预组装完成的，它们由无人搬运车（AGV）运至组装线。工人通过右门空间来将它安装固定到位。下一步是连接线束，包括中央显示屏、车内娱乐设备和仪表板通风口等组件。每个套件组合都是不同的，反映出顾客最

⬅ 工人只有几分钟时间来安装线束和连接几十个插接器。

➡ 两名工人正在安装车内毯，安装中要确保线束插接器能够连接到之后安装的设备。

终的选择。

## 选择零部件

　　每辆迷你都会安装数千个零部件，而且每辆都有自己的零部件编号。为此组装线上就需要一套系统，这套系统不仅能帮助工人准确挑选出所需的零部件，而且能减少工人的工作量，降低出错的可能性。这套系统非常简单，就是给每个零部件箱分配一个容易识别的图片，从彩虹到冰激凌等。每个组装站的屏幕上不仅显示正在组装的车型，而且还会显示所需零部件的识别图形，让工人无须仔细检验零部件编号就能够迅速准确地挑选出正确的零部件。当两个不同车型的零部件很相似时，这套系统就会显得很有帮助。

➡ 正在等待安装的制动伺服装置，它们都位于组装线旁边工人容易拿到的地方。

➤ 工人正在安装安全带，他头顶就是侧安全气囊组件。

⬇ 工人正在连接制动踏板和离合器踏板，随后是加速踏板。

→ 工人使用辅助工具安装驾驶舱仪表板。

同样，还有个系统来提示一些不常用且容易被忽视的零部件，特别是对于一些出口车型，组装线上的显示器会再一次提醒工人安装这个零部件，除了视觉提醒外，还会有一个声音信号来提醒工人。

## 组装线工具

安装如此多的小零部件意味着要用到各种各样的工具，从简单的手持蓄电池供电设备到复杂的外部电源供电设备。工具的选择是由工作内容而定的，有些特殊工具会发送信号（通常通过WiFi）到中央数据库来确定安装已经完成，这种工具也被称作是数字工具。在汽车进入下个阶段前，任何问题都可以立即识别和补救。还有一些为不同型号专门编程的工具，这样工人就不会用错。

→ 组装线上面的显示器会显示已经到达的车型，以及需要安装的零部件。

## 阶段6

由升降机降至底层后，车身会被从木质底板框转移到一个旋转吊索上，来安装主要零部件。接下来是后悬架组装线，在这里工人会安装完整的后轴、悬架和制动组件。后轴托架的组装也是在这里进行，其他零部件还包括制动管路、板簧、缓冲块和防倾杆。完成后，

→ 工人可以通过货架上的图形识别相应的零部件。

↑迷你的后轴在一个单独的区域安装和测试。

→后轴被抬升安装固定到位。

工人和机器人利用数控工具将预组装后的控制臂抬到位并连接到车轴托架上，并且将所有的悬架臂用螺栓固定到位。为了实现"无问题向前"，组装站上会有很多摄像机确保零部件和组装过程是正确的。

  首先是"耦合站"，在那里工人利用顶安装件将后减振器连接到车身上；接下来是"紧固站"，在那里四个机器人会将后轴托架用螺栓固定到车身上；最后是"解耦站"，在那里两名工人仅耗时32秒就将减振器用螺栓固定到悬架拖曳臂上。完成后，支撑后轴托架的

➜ 利用 C 型吊索，工人正在安装制动液和燃油管路。

↓ 利用 C 型吊索，工人正在安装燃油箱。

平台会落下，车身会送到下个组装站。在这里检验悬架弧度，如果需要，机器人会适当松开紧固螺栓进行调整，接着重新紧固螺栓达到所需的紧固度。

旋转吊索可以旋转车身，让工人安装很多车底零部件，包括制动液和燃油管路、燃油箱和排气系统的一些零部件。利用旋转吊索，工人还可以安装无线天线等车顶零部件。与所有组装过程相同，所有的工作都是手动完成的。

### 阶段7

在组装线40，车身会被从旋转吊索转移回到木质底板框，在那里柔性升降机会根据工作内容自动调整高度，工人也会安装很多零部件，它们包括：

- 中控台
- 内饰板，例如覆盖门柱和门槛的装饰板
- 内部开关和控制器
- 发动机舱到驾驶舱的空调管路
- 发动机舱盖下隔热板

← 仪表板和中控台已经安装完毕，工人继续安装剩余的内饰零部件。

■ 安全带
■ 风窗玻璃清洗系统和前刮水器

接下来的工作是安装顶盖内衬，由三名工人来进行，工人将顶盖内衬通过风窗玻璃框架装在车内，并连接所有

接线。此外，工人还会安装车顶控制开关和遮阳板把手。在这个阶段还有两个关键工作，分别是安装驻车制动机构和检测目前为止安装的电器元件是否正常，后者的目的是在接线盒插接器被装饰件覆盖前确保它们正常工作。

↙ 工人正在安装一辆五门迷你行李舱的装饰板。

↓ 当安装内饰时，其他工人会安装冷却液和空调的管路系统。

→ 工人正在安装顶盖内衬，这是一个带天窗的内衬，但所有车型顶盖内衬的安装过程基本相同。

**阶段8**

接下来是玻璃组装线，整个过程由机器人自动完成。首先要用酒精将边缘的污垢和灰尘擦去，接着一个机器人会测量前后玻璃框的尺寸，以便安装合适的玻璃。风窗玻璃的类型有很多，有些还装有雨量传感器，因此每个都有一个与车型相匹配的代码。接下来另一个机器人会抬起玻璃，将它放在一个测量装置前，然后离开更换一个喷嘴，给玻璃周围涂抹已经加热到60℃的黏合剂。前后玻璃安装到位后，机器人会自动切割两段胶带将玻璃固定，一直等到黏合剂固化。安装完后三块窗玻璃后，车身回来到下一个组装站加装更多装饰零部件。完成后车身被送到上层，并从木质地板框回到旋转吊索，为接下来的一个

← 机器人正在安装前风窗玻璃。

← 机器人正在安装后风窗玻璃，注意前风窗玻璃上的胶带，它在黏合剂固化前起到固定玻璃的作用。

↓ 其他玻璃是手工安装的。

重要的组装过程做准备。

## 发动机组装线和检测单元

　　迷你的发动机来自海姆斯霍尔工厂（汽油版）、奥地利的斯太尔工厂和德国慕尼黑工厂（柴油版）。本节主要介绍在迷你的制造过程中是如何预组装零部件的。发动机组装线，工人负责收集发动机、前悬架和制动器、前框架和后轴，以及进行接下来的检验工作，然后再将它们送到主组装线。

　　发动机的组装并不是一个单独的过程，它由很多组装线组成，需要安装很多零部件。下面我们会介绍一些主要的工作流程，值得注意的是有些发生在其他组装区。

- **组装线2**——组装后轴托架，相关内容已经在阶段6介绍过。
- **底层组装线3**——随着发动机组装的开始，这是第一个安装零部件的组装线。
- **组装线10**——尽管看起来不是按序排列的，但在这个阶段会安装变速器的很多零部件，例如离合器和手动变速器等。
- **LAM组装线3**——这里有一个悬架链系统，可以根据工人的要求调节高度。在这里工人会给发动机安装很多零部件，包括交流发电机、起动机、空调压缩机、驱动带和带轮、驱动轴，以及催化转化器和柴油颗粒滤清器等尾气设备。
- **组装线4**——一条预组装线，在这里工人会将前轮毂与轮轴和制动总成组装在一起。这个过程与发动机和悬架的预组装顺序一致，在下个

→ 当发动机到达牛津工厂后，它们会被分别送往各自的组装线。

组装站它们会彼此相遇。

■ **组装线5**——对发动机进行进一步修正完善，工人会安装很多管路和电气连接，其中就包括冷却系统。工人会安装冷却系统的散热器和空调冷凝器，并且会向变速器注入一定量的润滑油。这是一个忙碌且复杂的组装线，工人还会向前轴托架安装很多零部件，包括悬架下控制臂、转向架、防倾杆和多个隔热板。工人接着利

↑LAM 组装线 3，工人会给发动机安装很多零部件。

↗ 在组装线 4，工人会准备好前轮毂总成。前轮毂总成的安装是在另一条组装线上进行的，紧跟前轴托架的安装之后。

↓ 在组装线 5，工人会向前轴托架安装很多零部件，包括图中所示的转向架。

↘ 工人正在安装隔热板。

用一个辅助工具将轮毂总成定位到驱动轴和轴托架上。组装线5也是一个转运站，在这里基本完成组装的发动机和变速器会被连接到前副车架上，工人会将整个单元利用C型吊索安装在车身上。

■ **组装线6**——这里会进行前悬架的预组装，主要流程如下：

◆ 将前支柱装进一个托架内并安装定位销。

◆ 在减振杆上安装弹簧。

◆ 在减振杆上安装橡胶保护罩。

◆ 安装上支撑。

◆ 将支柱移至摄像机单元进行检验。

◆ 工人用特殊工具来压缩弹簧并移除定位销，接着拧紧顶部的螺母。

■ **组装线7**——它是后轴预组装的一部分，在这里完成预组装的轮毂、轮轴、制动盘和制动钳，悬架下控制臂也会由工人安装在一起。完成

↖ 工人正在减振杆上安装橡胶保护罩，橡胶保护罩能防止污垢进入，避免磨损减振杆和密封圈。

↑ 工人正在安装减振器的上支撑。随后减振器会被很快装进前悬架内。

← 前支柱的零部件，这样的储存方式有助于工人快速且容易地寻找和安装。

→ 四驱系统所用到的传动轴。

↑ 为了确保正确安装，高清晰度摄像机会检验每个发动机总成。

→ 工人会对发动机总成进行最终检验，确保一切正常后，工人才会将发动机总成装进车身内。

后，轮毂总成会被送到组装线2并安装到后轴托架上。

■ **组装线8**——负责组装四轮驱动车型的前轴，包括安装传动轴。

值得注意的是，发动机组装线其实处于"过度生产"状态，也就是说它的运转速度比主组装线要快。平均每次操作的时间是64秒，比主组装线快几秒钟，这能让发动机组装线形成一个成品缓冲区。发动机组装是一个自动和手动相结合的过程，工人利用数字控制工具不仅能确保每个固定件处于正确的拧紧度，而且每次操作都在实时监控下，作为工厂"无问题向前"系统的一部分。

成品发动机会被送到一个单独的检测单元，在那里两个机器人会利用高清摄像机检验大约20个点位，并与参考图片进行比较，确保零部件的正确安装和对齐。最后的"质量手段"是让一名工人目视仔细检验整个发动机总成。如有任何问题和缺陷都会被记录下来并上传至检测系统进行进一步评估。

**阶段9**

现在迷你正处于最终完成前的一

个重要阶段，检测单元会确认发动机和副车架的正确位置，接着一个机械支撑平台会将发动机和副车架从下面抬升到位。为实现动力单元和车身的完美对齐，精确度是非常重要的，因此第一个过程是预对准，平台会将发动机和副车间抬升至车身下部6英寸，一个机器人会检验对齐情况。一名工人也会实时监控流程，如果发现问题会立即干预。

接下来是紧固工作，四个机器人会自动拧紧八个螺栓，将副车架固定到位。但是整个组件仍连接在支撑平台上，接着车身会再次进入耦合站，在那里工人会将前悬架的顶支撑固定到车身上。如果这辆车上装有四驱系统，工人还会安装传动轴，传动轴上有一个短的伸缩部分以让安装更容易。接着，工人会安装完整的排气系统并检验是否有异响和不正确的对齐。此外，工人通过很多管路和电气插接器将发动机连接到车身上。

⬇ 支撑平台会将发动机总成缓缓抬升，整个过程精确对齐是至关重要的。

→ Z型框架能让工人更容易访问到车辆的各个区域。

→ → 工人利用辅助工具安装蓄电池。

→ 工人可以使用一个类似的抬升平台来定位前端组件。

## 阶段10

　　汽车会被放置在一个Z型框架上，Z型框架可以支撑汽车移动，方便工人安装更多零部件。首先工人会安装蓄电池，接着是包括保险杠和格栅在内的前端组件。前端组件是在一家伯明翰的工厂预组装完成的，它还包括冷却风扇、发动机舱盖释放线缆和锁闩，以及前保险杠上的行车灯。工人会利用辅助工具将它抬升就位，并用电动工具拧紧固定螺栓。

　　需要注意的是，前端组件采用"无库存"系统。组件从完成生产到进入组装线之间不会超过两个小时，其中还包括从伯明翰到牛津的运输时间，因此这会让组装线上非常紧张。牛津工厂内还会储存少量前端组件，大约是20分钟的需求量。前端组件会按照顺序被送到各个组装线，一列拖车一次运送12个。

## 阶段11

　　接下来要进行座椅的安装，迷你的座椅都是一家伯明翰的制造厂生产的。首先是安装后排座椅，然后是前排座椅，接着工人会用电动工具拧紧固定螺栓。工人还会进行座椅下部安全气囊系统和座椅加热系统线缆的连接。在下一个组装站，工人会安装加油口、风窗玻璃清洗液罐和轮拱内衬等零部件。此外，工人还会安装工具

↑ 运送前端组件的
拖车。

← 工人正在安装座
椅，首先是后排座椅，
然后是前排座椅。

↑ 当线缆连接完成后，工人会手动安装后保险杠。

↓ 工人正在利用专门的设备连接到诊断接口下载软件。

箱、急救箱和车主信息包。

接下来是安装后保险杠，与较大且更重的前端组件不同，后保险杠可以由手动安装。两名工人将它装载在预装支架上，然后拧紧螺栓固定即可。安装后保险杠的同时，其他工人会安装门槛装饰并将转向柱连接到转向支架上。

**阶段12**

随后，车身会被送到组装线51，这里也是组装过程的倒数第二条组装线。当然，在汽车完工前仍然有很多工作要做。

■ 拧紧前排座椅的固定螺栓。

■ 安装尾灯和方向盘。

■ 检验发动机舱盖的对齐，确保可以正常锁紧。

■ 将一个小型设备插入诊断接口并下载相关软件。

■ 连接并固定驾驶人安全气囊。

与此同时，工人会在一个单独的区域组装Clubman车型的最后一个车门，给它安装合适的闩锁和电器元件等。完成后，工人就会利用辅助工具将车门移动就位，并用螺栓固定到铰链上。在这里，每次只安装一个车门。

**阶段13**

现在车身来到了组装线52的一个Z型托架上，在这里工人会进行一些很小但很重要的工作，例如安装保护制动液和燃油管路的托盘和车底板。更重要的是这里还是车轮安装的地方。首先正确的车轮会被自动安装到一个辅助设备上，考虑到根据车轮尺寸和设计共有42种不同的组合，车轮的准确供应是非常重要的。工人利用这个辅助设备将车轮定位到轮毂上，接着他用一个专用的"多螺母转动"工具将五个螺栓拧紧到位。

现在，迷你在进入组装程序后第一次有了自己的车轮，随后它会离开Z型托架，并由一个传送带运至另一个组装站，在那里工人会进行一系列重要的工作。

■ 首先要给车辆加注很多重要的液体，例如空调制冷剂、发动机冷却液和制动液。发动机和变速器油的加注已经在发动机组装线完成。

■ 工人使用专业仪表测试制动压力，确保制动压力与施加在制动踏板上的力相匹配。一个数据收集器会收集测试结果，并将结果传输到监控数据库。

■ 安装车内后视镜和刮水器臂。

■ 接下来安装前照灯，首先让前照灯与发动机舱盖上的孔洞对齐。第一代迷你的前照灯直接连接到发动机舱盖上，发动机舱盖升起时前照灯也会升起。目前车型的前照灯都安装在车身上，发动机舱盖上有一个与之匹配的孔洞。首先工人会让发动机舱盖处于落下状态，接着在每个车灯上安装一个固定夹具，然后用一个工具连接到夹具上并让车灯精确就位，最后再拧紧固定螺栓即可。

■ 在这里，车门和车身会重新相聚，它们几乎会在同一时间到达这里。工人利用辅助工具从货架上抬起车门（他只在一侧工作，另一名工人会在另一侧安装车门），在边缘粘上保护车漆的保护带后，他会将车门摆入到位并用螺栓固定在铰链上。如果是一辆五门车型，工人会安装前后车门，如果是一辆三门车型，为了充分利用67秒的周期时间，工人安装完成车门后会进行其他工作。随后，工人会安装所有剩余的外饰，例如侧窗下面的镀铬条。

■ 工人利用专用设备检验车门玻璃的对齐，设备上的显示屏会显示出所需要调整的位置。

■ 工人会给每辆迷你加注少量燃油（10~14升），这刚好够完成交付

行驶。交付英国的车型所加注的燃油要比交付美国或中国的车型要少，因为后者在交付过程中往往要行驶更远的距离。

■ 接下来工人会进行一系列电气设备的测试，他通过一个预编程设备测试仪表板、电动助力转向、电动车窗和发动机传感器等。有些电子控制单元的编程工作也会在这里进行。这是发动机第一次在车上运转，一个抽气装置会从上部落下抽掉所产生的尾气。

完成所有工作后，迷你会驶离组装线，驶向最终测试和检验区。从白车身开始的漫长而又复杂的组装过程即将进入尾声。

↑ 迷你第一次有了自己的车轮。工人利用一个专用的"多螺母转动"工具一次性将五个螺栓拧紧到位。

↖ 工人正在往车内加注各种液体，包括空调制冷剂、发动机冷却液和制动液等。

↑ 当加注液体的时候，另一名工人会安装前照灯。

← 记得我们前面组装完成的车门吗？在这里工人会将它们安装到车身上。

↓ 工人会给每辆迷你加注少量燃油，进行测试和完成交付。

↓ 工人正在安装迷你的车标。

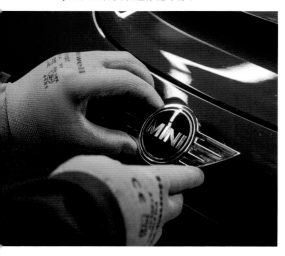

➜ 工人正在测试电子助力转向系统。

⬇ 成品车从组装区的另一端驶出。每天有1000辆离开牛津工厂生产线，这只是其中一辆。

⬇⬇ 离开组装线后，每辆车会驶向最终测试和检验区。

驾驶舱

迷你的驾驶舱也是一个预组装零部件，驾驶舱部件首先由无人搬运车运抵组装线，然后工人利用辅助工具来安装到位。驾驶舱的预组装是由工人直接在无人搬运车上手动完成的。

当无人搬运车到达驾驶舱组装线后，第一步是在上面安装铝制横梁和框架，后面所有的其他零部件都会安装在它们上面。首先添加开关和仪器的线束（线束的连接会在主组装线上进行），接着是安装转向柱。接下来安装加热、通风和空调系统，它们会被螺栓固定在横梁上。主要零部件安装就位后，接下来安装一系列组件，包括仪表组、中控台和娱乐系统支架、组合开关、杂物箱和乘客安全气囊。整个安装过程大约耗时9分钟，随后无人搬运车会返回主组装线，工人会完成驾驶舱的最终安装。

**座椅**

除非非常不舒服，很少有人会特别关注座椅。但是座椅却是迷你制造中不可缺少的一部分。座椅来自牛津郡班伯里的一家供应商，它们会在无库存系统的调度下准时到达牛津工厂的组装线。座椅的型号种类繁多，有手动和电动，加热和不加热，以及各种不同的风格，在开始制造前就要考虑到各种颜色和材料的选择。对了别忘了，迷你要面对全球市场，因此还要考虑到不同国家的安全规定。

生产前五天，供应商会收到订单。物流系统会挑选出正确的组件和材料，工人会扫描所有的零部件确保它们不仅合适而且符合法律规定。供应商会连续制造12套座椅（每套包括前座椅、连同后排座椅和靠背）。预组装线会进行一系列工作，包括准备座椅框架、安装座椅泡沫外皮，以及加装安全气囊、加热装置和高度调节装置等。

首先安装前座椅，接着安装所需的紧固件和装饰部分，最后再安装匹配的后座椅。安装完成后，工人会进行测试，检验电气和调节功能，例如美国要求座椅上有一个重量传感器，根据座椅上的重量（大人或小孩）控制安全气囊

⬇ 工人正在无人搬运车上组装仪表面板。

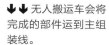

⬇⬇ 无人搬运车会将完成的部件运到主组装线。

的动作。完成的座椅会被装载到一个托盘上，进入缓冲区，等待被送往牛津工厂。每辆货车能运输大约60个托盘，托盘会按照相反的顺序装载，这样卸车时就会以正确的顺序进入组装线。每天大约有16辆货车驶向牛津工厂，基本上每小时一班。

## 组装控制室

监督每天1000辆的生产是一件非常困难的事，为此牛津工厂在组装区设立了一个控制室。控制室位于主组装线末端，有两个操作员负责进行各种工作。首先是从各个组装站的闭路电视上监控组装过程，而不需要在每个组装站上设置一名监督员。如果控制室操作员从一个摄像机上发现一个问题或缺陷，他就能通知维护团队前来处理。

控制室的另一个重要工作是监控和评估组装线上各种设备反馈来的信息。除了小型手动工具，所有其他设备，例如大型数控工具、辅助工具和吊索等都会收集所有生产过程中的信息，并将信息反馈给控制室。这些设备还会不断自检，如果检测到错误，设备会向控制室发送一条错误信息，随后设备也会持续发送信息以确认一切都正常。

与此同时，位于其他零部件上的传感器会监控温度等参数，让控制室操作员能发现潜在问题。组装过程中要用到非常多的设备，每天累计的信息数量能达到数百万条，所有信息会被划分优先级并标成不同颜色，并在控制室的大屏幕上显示出来，方便操作员快速发现问题。操作员还会记录和监控组装速度，以便评估是否达到了预期的生产效率目标（以预计总产量表示，即有效生产时间×每小时的产量）。

通过监控组装速度，操作员可以发现影响到组装速度的项目，定位问题所在，让维护团队优先进行维修，尽量减小对生产效率的影响。控制系统也非常智能，它能每小时向经理的手机发送信息，让他们知道组装线的状态。

## 测试和验证

组装线的所有工作完成后，剩下的就是一系列检验、测试和调整，以及最后的验证和道路测试。

检验和调整工作早在白车身就开始了，工人会检验每个面板，尤其注重车门、发动机舱盖和尾门的安装和对齐。工人会测量面板间隙和闭合线，以确定是否符合标准，必要时工人还会对铰链进行微调。有时会出现较大的差异，它们往往是制造过程早期出现的，需要仔细调查。但是由于每个生产阶段都有非常完善的质量保证措施，这样的问题在这个阶段基本不会出现，这里的检验可确保将最高质量的产品交付给客户。

↑ 在组装控制室，屏幕会显示组装过程的各种信息。

→ 工人正在检验面板和组件的间隙。

↓ 工人正在检验车轮对齐和前照灯灯光。

→ 检验制动器和 ABS 装置的滚筒道路。

↓ 在滚筒道路上，工人正在安装屏幕上的测试程序以检验各种操作。

每辆车都会进入测试室，在那里第一项工作要在激光对准装置上进行。在这里。工人使用精密设备检验车轮对齐、前束角和外倾角等，另一名工人会进入车身下面的坑内进行一些调整确保对齐到位。

与此同时，另一工人检验和调整前照灯的光束。接着汽车进入一个装有一条类似跑步机的滚筒道路密封室，工人首先查看车上的标签，识别车型。一名工人会遵循屏幕上显示的预设定程序操作（主要是确定燃油经济性数据）。行驶测试只需要几分钟，其中有些要由不同国家市场决定。驾驶人会进行几次从加速和制动到挂入每个档位的步骤，测试车速最高能到144千米/时。接着汽车会进入另一条滚筒道路进行制动器和ABS功能测试。完成后，工人会进行最后的音响和车内娱乐设备测试。

## 岗位轮换

牛津工厂的工人不会一直在同一条组装线上每天花很多时间重复同一项工

作，一方面很多流程都实现了自动化组装，另一方面牛津工厂还实行一项岗位轮换制度。汽车组装对技术要求很高，因此训练工人胜任不同岗位有许多好处，包括缓解身体和精神压力，让工人有更强的能力。这样工人能在很短的时间内胜任一个特定的岗位并且有能力帮助那些遇到困难的同事。对于那些注重自身职业发展的人来说，学习更多的东西对他们也很有帮助。

## 领班

组装线上会有一些经验丰富的领班（每十几个工人中就有一个），每当出现问题时，他们就会介入保证组装线有效运转。他们也扮演着其他关键角色，每个组装站会有至少一名领班，他们充当工人和管理层联系的第一点，并帮助解决各种问题，例如工具出现故障。如果工人发现了一个更有效的工作方式，他们还会向管理层传达想法，让管理层鼓励所有工人这样做。领班还会负责确保没有危险危及工人工作，并且如果发生事故立即采取必要的措施。

此外，领班还承担一些管理工作，并且在保证汽车质量方面起到很重要的作用。例如他们确保工人正确着装，没有可能会损坏车辆的裸露皮带扣或手表，并且规定参观者严格按照规章制度参观。领班是一个重要的角色，他们能确保迷你的组装过程尽可能顺利，让迷你处于最高的品质。

## 安灯系统

迷你的组装是一个非常复杂的过程，要在有限的时间里完成难免会出现各种各样的问题，有的是零部件供应错误，还有的是机械工具故障。为了尽可能快地解决这些问题，牛津工厂采用了

### 艾米·德鲁斯

领班和工序主管

艾米不仅是组装区的第一个女性领班，她还是第一个工序主管。她从未想过能在牛津工厂工作如此长的时间："尽管我的家人在牛津工厂工作，但我真的不确定自己想干什么，并且只是作为一名临时工进入工厂。最开始我认为这个工作只会持续三个月，而且我的朋友甚至打赌我能坚持多久。但很快我就认识到自己很喜欢这项工作，结果一干就是14年。我很快就认识到工作是死的，所有一切都是你对它的态度。老实说结构化的工作真的很适合我。但另一个很棒的事情是和同事间的友谊。工厂内能感觉到家的气息，我也知道所有人都有一个共同的目标，即制造出最好的产品。那种感觉真的很好，我能感觉到自己在不同岗位的进步。我真的很喜欢现在的工作，想一直工作下去，并且如果有机会，我想尝试组装区的其他岗位。"

一套安灯系统（"安灯"是日语的直译，意思是信号）。安灯系统是丰田公司首创的质量控制系统，它包括沿组装线各处分布的线缆铃铛（能让我们想起老爷车上的铃铛）或按钮。如果工人遇到问题，他们就能激活安灯系统，产生的信号会提醒领班，领班会做出回应并解决问题。

⬇ 安装在组装线旁边的线缆，它是安灯系统的一部分。

## 安德鲁·罗宾逊

**公差管理工程师**

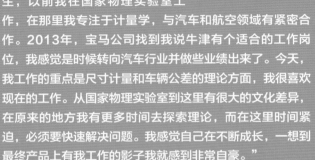

安德鲁在牛津工厂的工作非常重要，它涉及迷你质量的各个方面。安德鲁讲道：

"我是一名物理专业的研究生，以前我在国家物理实验室工作，在那里我专注于计量学，与汽车和航空领域有紧密合作。2013年，宝马公司找到我说牛津有个适合的工作岗位，我感觉是时候转向汽车行业并做些业绩出来了。今天，我工作的重点是尺寸计量和车辆公差的理论方面，我很喜欢现在的工作。从国家物理实验室到这里有很大的文化差异，在原来的地方我有更多时间去探索理论，而在这里时间紧迫，必须要快速解决问题。我感觉自己在不断成长，一想到最终产品上有我工作的影子我就感到非常自豪。"

➡️ 工人正在使用手持工具检验零部件的安装和对齐。

⬇️ 激光扫描仪能发现迷你车身壳体上微小的缺陷。

## 计量学

计量学是什么呢？它在迷你的制造中起到什么作用呢？计量学的定义是"测量的科学"，它让牛津工厂质量部门的工程师利用很多工具来检验产品的质量，当涉及形状和尺寸时，确保让每一辆车都在规定的范围内。它能让人不断检验面板缝隙和组件的安装，确保每辆迷你符合设计规范。

"间隙计划"是这些规则中的一个例子，顾名思义，它规定了不同面板、车身组件和零部件间的间隙。汽车制造商一直在努力确保这些间隙尽可能小，因为它们是顾客对车辆质量的直观感觉。因此计量部门的测量分析师有很多工具来帮助他们评估和保证质量。这些工具既有在车身和内饰特定区域使用的手持式激光测量仪和探头（有些工具是专门设计用来帮助检验密封条、顶篷和地毯等接触式探头难以实现的柔性部件），也有在车辆较大区域使用的安装在机器人上的探头和激光扫描仪。

安装在机械臂上的便携式探头/扫描仪能让测量在组装线上实现。但是预计划检验可以让测量在生产时间以外进行，例如工人可以利用便携式工具通过监控多个零部件的安装过程，检验风窗玻璃安装（每次安装完全相同）的重复性。

也许最令人印象深刻的工具之一就是光学扫描设备。在这里，车辆（最好是漆成白色，因为白色能防止产生混淆扫描仪的不必要的反射）被放置在一个转盘上，上面覆盖着很多点和十字，形成一个参考框架。安装在机器人上的扫描仪会在不同区域扫描整个车辆表面，然后将结果拼接起来形成一个完整的三维图像。根据测量结果，车辆的各个部分会显示不同的颜色，例如公差范围内的区域会显示绿色，与原始数据存在偏差的地方会显示红色或蓝色，这样工程师能够快速识别出任何问题，并开始调查问题出现的位置。

→ 激光扫描仪还能检验完整车辆尺寸的精准度。

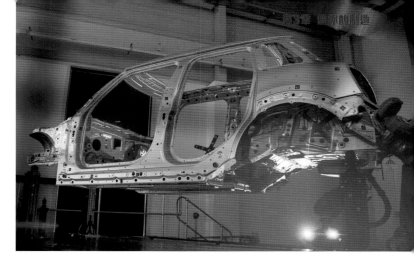

↓ 机器人正在进行光学扫描过程，扫描结果会形成一个精确的三维图像。

## 检测模型

检测模型的制造成本大约为100万英镑，重量大约为3.5吨。它是一个完全由铝合金制成的全尺寸迷你车身，它与原始设计规范的误差在0.2毫米内。

它在计量部门有两个主要作用。首先它是在新车型的研发阶段制造的，设计者在上面安装各种零部件来检验组装过程，在这个阶段它是评估零部件的一个很重要的工具，设计者以此来决定是否进行必要的改变。因此新车型会按照这种方式组装三到四次才会开始正式生产，这样工程师就能在正式开始生产前解决任何问题——不管是零部件本身还是它们安装在一起的方式。

第二，检测模型在整个生产过程中确保质量方面起到了很重要的作用。它不仅提供了最精确的参考值，而且还可以用来解决可能发生的问题。例如在特定零部件的安装中出现了问题，工程师可以在检测模型上进行尝试，来确定是零部件本身存在问题还是安装过程出现了问题。这种快速识别和纠正错误的能力有助于实现牛津工厂的"一次成功"哲学理念。

↑ 检测模型全部采用了铝合金材料，它能代表一个完整的车身。

← 检测模型在牛津工厂的质量保证方面起到了非常重要的作用。

← 一名工程师正在使用检测模型检测零部件的安装。

↓ 内饰零部件的精确安装与外饰零部件同样重要。图中我们能看到仪表板的框架已经安装完毕。

# 质量控制

今天的汽车消费者格外注重质量和可靠性。他们希望自己的汽车能够在所有天气和条件下高效行驶，并且有很高的可靠性，在长年累月的行驶中也不会出现那些烦人的故障。随着汽车变得越来越复杂、高效、舒适以及奢华和便利，满足消费者的期望也变得越来越困难。事实上不久以前汽车还采用低标准的驾驶舱设计，让长途旅行变得非常辛苦，而且便宜的塑料零件还会发出烦人的"吱吱"声和"嘎嘎"声，所有一切对今天的车主来说就是一种诅咒。事实上，回顾一下20世纪70年代和80年代考利工厂生产的车型，我们很容易就能看出到底改变了多少东西。

牛津工厂是一个与众不同的地方，在那里所有人会花费大量时间和精力来确保迷你不仅有出色的驾驶体验，而且这种体验会一直持续很多年。新车型发布前会在全世界范围内进行几百英里的测试。此外也有很多工作是在工厂内完成的，主要是在质量和工程中心。让我们仔细看看工厂内到底发生了什么吧！

↑ 一辆高性能迷你 Cooper 正在振动台上进行测试。

## 道路模拟

这里也被称为"振动平台"，主要作用是测试研发车型和量产车型。工程师首先将汽车放置在一个平台上，四个车轮会受到振动的冲击，模拟车辆在崎岖道路上行驶。这是检验内饰和配件振动噪声的最佳方式。振动台是计算机控制的，按照预定的测试程序振动，通常会有一到两名工程师坐在车内用灵敏的电子传声器检验噪声。让汽车在受控的环境中模拟行驶，这样不仅能消除外部噪声的影响，而且还让测试变得更安全。

振动台不仅在量产前建立质量体系中非常有用，而且它还能用于检测新零部件的使用和升级。在常规的每年更新中，大多数新车都会在振动台上进行测试，以确保所有的变化和改进不会对质量造成影响。

↓ 灵敏的传声器能收集来自内饰的任何噪声。在质量控制过程中消除潜在的噪声是很重要的一部分。

↑ 一辆迷你 Cooper S 正在隔声室进行测试。不管好声音还是噪声都能在这里进行分析。

↘ 暴风雨环境下的防水测试。

↓ 毛毛雨环境下的防水测试。

### 声学检测

隔声室是牛津工厂质量控制设施中单个投资最大的，总造价达300万英镑。隔声室的设备能让汽车在里面无人行驶。隔声室由215毫米厚的混凝土墙以及450毫米厚的隔声玻璃纤维建造而成，汽车在里面的最高速度能达到160英里/时（约255千米/时）。那么使用这些昂贵技术的目的是什么呢？所有这一切都是为了研究迷你的声学特性。通过在车内安装传声器，工程师就能收集到里面所有的声音，模拟出驾驶人在行驶时的听觉感受。

声音会被划分成1~10级，工程师不仅能识别出各种烦人的噪声（例如过大的发动机噪声和行驶噪声），而且还能微调那些可以增加驾驶体验的好声音。迷你以运动特性而闻名，当发动机运转时，一定程度的进气顿挫声音或排放尾气的轰隆声都能增加运动感。隔声室既能在全面生产前使用，也能在生产过程中使用，目的都是检验车辆是否符合工程规范。

### 防水测试

对于任何一位车主来说，没有什么比驾驶舱漏水更烦人了。水不仅会损坏装饰，并且还可能对精密的电子设备造成影响。因此牛津工厂专门有一个设施，检验汽车在从细微的毛毛雨到猛烈的暴风雨等各种条件下是否漏水。

防水测试的内容既包括让汽车置于3升/分钟的水流下6小时，也包括让汽车置于50升/分钟的水流下10分钟，既能模拟最微弱的毛毛雨，也能模拟最极端的暴风雨。需要注意的是，测试使用的水会被收集重新利用。新车型研发阶段以及正式生产阶段都会进行防水测试。由于每个车身设计都有自己的

← 温度测试包括一些低温测试。迷你必须能在所有环境下正常行驶。

特点，防水测试房间可以对汽车的不同部分进行不同的测试，确保从不同角度撞击车身的水都不会进入驾驶舱，或者从面板上流下来的水不会聚集到一个错误的地方。车内的工程师用内窥镜（一个安装在活动支架上的摄像机）检验车门和车窗的密封性，如果出现最坏的情况，车内开始进水，工程师就会按车喇叭以引起注意。

## 温度测试

在新车正式生产前设计团队会耗时几个月在世界上一些环境最恶劣的地方测试汽车的运转状况。在牛津工厂有些工作可以在气候室内进行，在那里迷你需要经受住最低零下40℃，最高90℃严酷环境的考验。这样的极端温度一般不会遇到，但是在这种极端条件下测试汽车的功能可以确保车主在未来不会遇到问题。气候室不仅能控制温度，而且还能改变湿度，湿度最高能达到95%。

采用一个预编程测试程序，工程师可以进行许多测试来检验电气功能，但他们也会关注结冰、发动机点火、车门把手的运转，以及车门和车窗的开启和关闭等项目。因此当抱怨英国寒冷的冬天时，我们就能确信迷你已经经受住了最恶劣天气的考验。

## 道路测试

到目前为止所有的测试都是非常严格的，但为了进一步完善，每辆离开组装区的汽车都会在喷漆车间后面特别设计的跑道上进行道路测试。首先是内外零部件的检验，包括后视镜、车灯、刮水器和各种开关等，检验它们的安全性和功能性等。完成后，工程师驾驶汽车通过一个预定的测试程序。

利用一个能反射噪声的隧道，汽车在各种不同路面上行驶，从粗糙的石子路到平坦的柏油路。每种道路都能产生不同的振动水平，让内饰和插接器的任何噪声暴露出来。发现问题以后，工程师会将汽车开到一个维护间，在那里可以检验寻找噪声的来源。如果需要进一步分析，工程师就会使用前面提到的振动平台。

→ 每天都会有货车将来自世界各地的零部件运到牛津工厂。

→ 卸货是一个不间断的过程。

↓ 每天会有数千个零部件运抵牛津工厂，叉车将它们运送至仓库，几个小时后它们就会出现在组装线上。

## 物流保障

可以这样说，任何人进入到一个汽车制造厂都不会花很多时间来关注物流的问题。物流并不是一个吸引人的主题，难道不是吗？但是对于牛津工厂这样的每天制造1000辆汽车的地方来说，物流绝对是整个过程中非常重要的一部分。你不需要在牛津工厂的物流部门花很长时间就能意识到这绝对是一项极其复杂的工作。

想一想，牛津工厂的零部件（500000个/天）来自27个国家的500个供应商，每天有270辆货车来运输这些零部件。如果这还不够惊人的话，牛津工厂还有一套"零库存"系统，零部件会按照时间表在需要使用前几个小时才会来到工厂。"零库存"系统是丰田公司率先使用的，目的是通过降低库存量让生产过程尽可能高效，现在全世界的很多汽车制造厂都在使用这套系统。牛津工厂关键零部件的生产供应只有两小时，因此这个系统也存在着很大的风险。

## 事实和数据

- 迷你零部件的供应商超过500家。
- 迷你零部件来自27个国家。
- 迷你工厂的组装区内有超过1400个活动部件。
- 每天有大约270辆货车来运输零部件。
- 每周有27000个零部件货盘由叉车运到组装区。
- 每天有平均2200个大零件箱和13000个小零件箱被运到生产线。
- 每天有170000个零部件被挑选出来送到组装线。

↑ 物流工程师监控数以百计的零部件交付，任何延误都会造成很大的损失。

那么工厂是如何管理涉及的挑战并确保生产不会中断呢？这就是物流部门的工作，他们会详细预测需要什么样的零部件，并让供应商提供相应的零部件。年度计划表制定完成后，他们会制定月、周和日计划表，并且在汽车制造前六天通知供应商供货。正是这样详细的零部件需求，保证了生产顺利进行。

调度系统是以信息技术为基础的，但也有一个手动备份。它是一个双向系统，不仅将零部件需求发送给供应商，而且还能允许供应商确认发货。由于时间紧迫并且不允许出现任何错误，物流团队需要实时监控，知道自己有多少库存（"无库存"零部件仓库要每分钟检验一次），此外系统本身也会提醒他们，让他们发现现在的问题并找到解决方案。

以前端组件的交付为例，前端组件是距离牛津工厂30英里的班伯里工厂制造的，每隔37分钟就会有一辆满载前端组件的货车离开班伯里工厂，沿

### 史蒂夫·普罗塞

**材料供应主管**

史蒂夫已经在物流部门工作了25年，但他职业生涯开始的地方并不是这里。他说道：

"在大学获得商学学位后我进入银行系统工作了3年，此外我还想办法享受了一段打橄榄球的时光。我父亲在牛津工厂的采购和供应部工作，我想汽车已经深入了我的血液，因此最终我也通过加入罗孚长桥工厂的管理层进入了汽车行业。提一点，我大儿子也进入了汽车行业，他现在是宝马公司的一名商业实习生。事实上，我们总是将罗孚和其他英国车型作为家庭用车。当公司被宝马公司收购后，我来到了牛津工厂，由于已经习惯了他们的做事方式，因此向物流的转型也很容易。我想说，我天生就是一个做物流的人。"

➡ 牛津工厂的零部件货架。

➡ 叉车正在运送整箱的零部件。

➡ 有些零部件会被直接送往组装线，其他则被堆放在仓库内，但不会在仓库里待很长时间。

着M40高速公路驶向牛津工厂。牛津工厂的物流团队不仅会实时监控货车的状况，而且还能利用道路两侧的摄像机看到实时的交通状况，如果出现交通阻塞，他们会通知货车重新选择路线确保准时到达牛津工厂。此外，还有很多零部件来自欧洲大陆的工厂，它们通常通过法国加来港运输。除了国外公司的物流信息外，牛津工厂的物流团队还会与港口保持密切联系，以便尽快发现潜在问题并寻找解决方案。通常的方法包括更换港口，或甚至必要时利用飞机运输。所有一切都能确保汽车生产不会中断。保证零部件的正常供应是一个巨大的项目，它也是迷你制造中迷人的一部分。

那么当零部件到达牛津工厂后会怎样呢？处理它们的方式主要取决于组装过程。有些零部件遵循"无库存"系统，例如座椅，它们会被直接放在一个传送带上运至组装线；而其他不太紧急的零部件会进入一个"缓冲区"。如果零部件的目的地就是仓库，它们会被堆叠起来放在特殊的架子上，仓库管理遵循"先进先出"的规则，零部件会按照时间顺序进入组装线。当喷漆完成的车身到达组装线后，系统会计算所需的零部件，然后再将它们运送到相关的组装站。

根据尺寸，工程师可以通过手动或叉车来搬运仓库中的零部件，将它们装到运输箱内。

一个信号板会告诉搬运者应该什么时候离开仓库送货。接着两个牵引车会将零部件运送到组装线的合适区域，每个牵引车上要么装着一个全尺寸零件箱，要么是很多个小零件箱。牵引车严格按照路线和交付时间表将所需的零部件运送到组装线上。

↑ 大的零部件需要由叉车来运输。

↑ 工人会利用牵引车将零部件运送至组装线。

↓ 同一时间会有非常多的牵引车进出仓库，这需要一个专门的系统来管理。

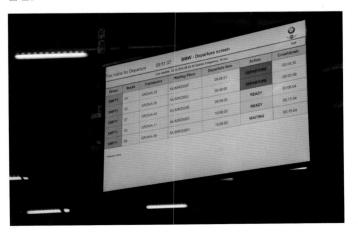

↑ 贴上保护胶带，迷你新车正等待被运往世界各地。

## 离开牛津工厂

到目前为止，我们仔细研究了所有零部件是如何进入工厂的，但成品车是如何离开工厂的呢？牛津工厂每天的产量大约为1000辆，因此需要有一个强大的物流系统来将它们运送给英国以及全世界的车主。自从2001年以来，已经有三百多万辆迷你出口到全世界110个国家，大约占据总产量的80%。

那么，这是如何实现的呢？工程师会给车身贴上保护胶带，接着再将它们运输到工厂的装载区，并按照目的地和

➡ 有些新车通过传统的货车运输离开工厂。

国家分类。

　　每天有20辆运载货车（每辆可满载11辆迷你新车）驶向英国各地，此外还有18辆货车将迷你运送到南安普顿港和伊明赫姆港。每周有15艘运载迷你的货船离开英国，每天大约有800辆离开南安普顿。每天有20辆离开伊明赫姆港前往瑞典和丹麦，最多有15辆从布里斯托尔的波尔特布里港前往葡萄牙，从伊明赫姆港前往俄罗斯和东欧，以及比利时的泽布吉。这还不是全部，大约有10辆会被装进集装箱从伦敦出发前往巴西，还有少量从其他港口出发前往巴哈马等国家。有些迷你还会通过飞机来运输！

　　此外，出口迷你的60%都通过火车来运输。每天有两辆双层火车，每列长度大约在680米，离开工厂，每列火车能运输290辆迷你。（周一到周六每天早上有一列火车开往南安普顿港；周一到周五每天下午有一列火车开往普弗利特港）。火车会并入靠近牛津的国家铁路网，很快就能到达港口，这样相当于每年节省200万英里的货车里程。利用铁路来运输的想法并不是牛津工厂首创的，其实早在1926年的考利工厂就出现了，它最终变成了客货两用的莫里斯-考利车站

↑ 其他的迷你通过专用货运火车离开，火车一次能够运输290辆。

⬇ 迷你正在驶入南安普顿港的一艘货轮。

## 设备维护

牛津工厂每天要运转22.5小时，在那段时间里有1000辆迷你离开组装线。除了数千名工人辛苦的劳动外，还要归功于数千个精密的机器，但是如何能确保机器按照预期正常运转呢？这项工作就落到了负责保证设备正常运转的维修团队身上，并且只需要在工厂里待几分钟，我们就能认识到维修团队的任务是多么艰巨。

为此，牛津工厂采用了一个全面生产维护（TPM）系统。工厂会对所有工人进行适当的培训，帮助他们掌握一些自己工作区域的维护技术。

我们前面已经提到，工厂里有大量设备、工具和机器人；还有保证零部件和车辆在全厂移动的各种升降机、传送带和吊索。此外工厂本身还充满了电气、液压、环境控制系统和车辆测试设备。为了保证组装线正常运转，所有一切都要正常工作，不能出现任何问题。

从广义上讲，维护工作分成两大类。第一就是所谓的"反应"维护，例如设备出现故障时进行维修。它包括简单的安装插接器、重新编程机器人以及维修测试的滚筒道路。此时，最重要的问题是尽可能快地维修故障，避免造成生产延误。事实上，大部分工作涉及故障查找和问题分析，并找到预防同类故障的方法。提前计划能确保维修对生产的延误最小化，例如如果在传动带上装一条备用带，那么更换时间就能缩小到15分钟，而不是1个小时。

第二就是计划维护，也就是全面生产维护（TPM）。工厂每个区域都有自己具体的维护任务，包括每周、每月或每个季度对工具和机器人的维护保养。大量维护工作发生在早上4:30到6:00，此时生产线会停止运转。但是到了周末，工人会进行更大的维护工作，例如重置一个机器人单元，或者解决一周内经常出现的更为棘手的问题。计划维护是牛津工厂的重要组成部分，它能让设备实现98.5%的技术可用性，即设备正常运转时间能达到98.5%。

最后，工厂会在夏天停产两个星期，此时维护团队可以进行大量的工作，包括安装新设备以及改造工厂建筑等。但是，不管他们进行了什么样的工作，都必须保证复产的第一天恢复全面生产。停产期间每天都会开例会，每项工作的进度会被评为绿色、黄色和红色，这样就能识别工作的进度，并尽快寻找解决方案。复产前一天，工厂会进行小规模生产，大约有125辆，来测试所有设备是否运转正常。所有一切正常后，在复产的当天就能恢复1000辆/天的产量。

### 白车身车间的维护

清洁是很重要的，因为灰尘和碎片会影响点焊质量和喷漆车间的工作，因此每周六晚上，维护团队都会利用干冰清洗面板夹具和焊接喷嘴等部位，以清除堆积的灰尘和焊渣。干冰清洗后不会残留杂质和水分，因此用它来清洗复杂而且昂贵的设备非常安全。

除了计划维护外，维护团队还会对机器人、升降机和传送带等设备进行常规的视觉和听觉检验，以确定轴承和传送带没有任何损坏和泄漏。工厂本身还装有维护监控系统，以确定机器运转时电动机、齿轮和轴承不存在潜在问题，系统会提供精确的设备磨损数据以便让维护团队进行更经济的维护。系统不仅能避免不必要的零部件更换，节省成本，而且能让工人将精力集中到其他工作。维护团队还会对大量的机器人进行定期维护保养，对小齿轮每隔6000小时更换机油，所有齿轮每隔18000小时更换机油。

白车身车间的维护团队大约有220人，他们负责车间内大量设备和机器人的维护和保养，他们采用轮班制，平均覆盖每周六天半的时间。

## 喷漆车间的维护

除了前面提到的升降机和传动带的维护外，喷漆车间还有一些特别的维护工作。这项工作包括油漆输送系统仪表和管路的常规检验，以及油漆储存箱的每日清洁，其中维护团队利用流量监控器来检验管路是否泄漏。喷漆机器人自身会定期自动清洗，输送密封剂的管路在每次工作结束后会被加压清洁。

## 组装车间的维护

这里的维护工作与前面基本相同，包括对升降机和传送带的常规维护，以及日常润滑和轴承与传动带的检验。这里也有一些特别的工作，包括清洗玻璃密封胶喷嘴等。

### 维恩·贝里

维护工程师

维护工程师维恩·贝里说道："我最初的职业计划并没有涉及汽车。我年轻时经常运动，想要成为一名职业排球运动员，为英格兰青年人队比赛。但后来很明显我需要一个更合适的工作。后来我加入了英国皇家空军，在那里我作为电气工程师工作了十年，维修的设备包括各种发电机和类似航母上的着陆阻拦装置。2000年退役后我在希思罗机场工作了一年，但感觉并不适合，因此当2001年牛津工厂的工作机会出现在我面前时，我立刻抓住了它。最初我作为一名电气维护工程师主要负责机器人编程，没想到一直工作到了现在。除了维护工作外，我还是组装线的副班长。这里的工作与英国皇家空军完全不同，但是我非常喜欢。工人都很出色，并且每天利用自己的技术解决各种挑战非常有自豪感。"

⬇ 专业的维护人员可以在几分钟内解决任何问题，让它对生产造成的延误最小化。

## 机器人

机器人是牛津工厂不可缺少的一部分，它们执行了很多工作，尤其是在白车身车间里，因此有必要对它们进行详细的介绍。首先我们要知道机器人由两家公司提供，分别是库卡公司和ABB公司。它们的类型和用途介绍如下。

### 库卡机器人

■ KR2150L110-2机器人——它们测量车身壳体的最终几何尺寸。它们是先前迷你R系列车型开始采用的老式型号机器人，但现在仍然能正常工作并非常可靠。安装在机器人上的摄像机能灵活地测量出每个车身壳体的尺寸。它们

能实现100%的几何检验，从而确保只有公差范围内的车身才会进入下个阶段。

■ KR500L-420机器人——它们是迷你F系列车型开始使用的最新型机器人。其他机器人都是ABB公司制造的，这让这种库卡机器人显得有些特别，它们位于车间的各个组装站，主要用来处理整个车身底部组装。ABB机器人也能进行同样的工作，但是由于机器人手腕设计的不同，它们无法够到组装所需的所有位置。所有的库卡机器人都安装在一个七轴载体上，让它们有一个相当大的工作范围。

↓ 车身底部组装中的库卡机器人。

## ABB机器人

ABB机器人是迷你F系列车型制造中最主要的也是数量最多的机器人。

- 6620LX-150/1.9机器人——这种机器人有一个线性轴和一个五轴机器臂。线性轴让它可以在一个高架轨道上来回移动，从而能在多个地方工作。它主要用于点焊和零部件处理。

- 6640-130/3.2机器人——它属于6640系列，并且是数量最多的6640子系列。"130/3.2"代表它的有效载荷为130千克，工作半径为3.2米。它是一个标准的六轴工业机器人，主要用来测量、点焊和零部件处理。

- 6640-180/2.55机器人——一个标准的六轴工业机器人，主要用来零部件处理。

- 6640-205/2.75机器人——一个标准的六轴工业机器人，主要用来点焊和零部件处理。

- 6640-235/2.55机器人——最常见的6640系列机器人。它是一个标准的六轴工业机器人，主要用来点焊和零部件处理。

- 6650S-200/3.0机器人——属于6650系列机器人，"S"代表专门用于隔板安装操作。它主要安装在高层龙门架上，并在下面的组装站工作。它是一个标准的六轴工业机器人，主要用来点焊和

↓ 车门、发动机舱盖和尾门安装组装站上的 ABB 机器人。

↑ 参观者进入牛津工厂后，绝对会被如此多的机器人所震撼。

零部件处理。

■ 7600-325/3.1机器人——属于7600系列机器人，"325/3.1"代表有效载荷325千克，工作半径3.1米。它是一个标准的六轴工业机器人，主要用来零部件处理。

■ 7600-340/2.8机器人——一个标准的六轴工业机器人，主要用来点焊和零部件处理。

■ 7600-500/2.55机器人——一个标准的六轴工业机器人，主要用来点焊和零部件处理。

　　白车身车间里有超过80个6640和7600系列机器人，它们都安装在一个七轴载体上，以增加灵活性和工作范围。

## 安装

　　除了LX、工作台和七轴机器人外，所有的机器人都安装在地板上。机器人会被固定在有制造商提供的特殊底座上，底座上有定位销以确保精确安装，并且让机器人的更换（如果需要）变得更简单。底座可以根据所需的工作区域调节高度，有些在底板高度，而有些可以升高到3米。安装位置是由总平面布置和机器布置图决定的，工人用专用紧固件和黏合剂将底座安装到指定位置，接着再用制造商的定位销将机器人安装到合适的位置。

　　在整体设计中还需要考虑机器人控制器的安装位置。控制器必须始终位于机器的影响区外，并且还要考虑电源和通信线缆的路由问题。当安装机器人时，所有支撑工具必须是完整的，并且整个单元会被精确测量以创建一个机器人坐标系统。这只是从安装开始到最终结束的众多复杂且重要过程中的一个。机器人坐标系统能确保将机器人安装在与指定工艺位置相关的地方。

## 安装编程

即使在设计阶段早期，工程师就需要考虑到机器人编程问题。随着计算机辅助设计技术的发展，每个机器人和工作台的位置会被分配到一个坐标系统中，指定在车间的位置。安装位置确定后，工程师就能开始离线编程，他们利用机器人辅助设计模型创建并优化精确的离线程序。随着这一阶段接近完成，车间的安装区域就能按照计算机模拟运行，让安装团队有机会证明过程的正确性以及机器人会在规定的循环时间内工作。

硬件安装完毕后，工程师会加载已经完成的机器人程序。现代离线编程技术已经大大节省了成本，能提前解决很多问题，在硬件的安装中就能进行所需的编程工作。以前只有在硬件安装完成后才会进行编程，然后再进行为期几个月的调试，这样既费时又费力。通常只有在编程时，工程师才会发现硬件设计中的缺陷，提前解决是他们最希望的事情。

## 安装后编程

即使在一个运转的车间内，有时也需要对机器人的路径和位置进行调整。这样做的原因有很多，通常是为了适应产品的变化，或者作为牛津工厂质量和效率持续改进的一部分。除非要进行很大的更改，程序更改都是在线进行的，要么使用在台式计算机或笔记本计算机上运行的特定的机器人软件，要么直接在机器人上进行。位置改变时，工程师会利用特别的工具移动机器人到所需的位置，接着改进现有位置或创建一个新位置。

↑ 工程师正在利用专用设备更改机器人的程序。

## 机器人更换

制造商在将机器人交付给牛津工厂前都会进行精确的测量。这样能确保机器人"绝对精确"并消除在安装过程中可能出现的误差。例如，两个相同型号"不精确"的机器人，当将它们安装在完全相同的位置并以同一个程序运行时，可能会出现高达20毫米的偏差。原因是所有的加工和组装公差会在机器人机械臂安装时聚集起来，越来越大。

当测量过机器人后，工程师会计算出每个机器人的一组偏移量。这样所有的机器人能够以同样方式精确运转和互换，无须重新编程。

### 维护保养

由于机器人数量庞大，因此唯一可行的定期维护方式是采用制造商的维护团队，牛津工厂自己的团队进行一些辅助工作。定期维护以6000、12000、24000小时为间隔，每次维护都要遵循制造商的规范来确保可靠性和技术可行性。但是，所有机器都会有一些不可预见的问题，既有轻微的机油泄漏，也有严重到需要更换机器人的问题。

除基本维护外，所有的技术问题、维修和预防措施都由一个机器人专家小队来进行。他们都非常有经验，能够解决各种问题，确保不会让任何有问题的机器人回到生产线上。

### 机器人应用

很显然，对白车身车间的数百个机器人进行安装、编程和维护是一项技术性很强的工作，但是在结束本章前，我们有必要快速浏览一下机器人的主要应用。

- **点焊**——机器人上装有一个焊接枪，要么是直接安装，要么是通过一个工具切换装置。机器人的工作包括将焊接枪移动到点焊位置，实施点焊。但是还有另一种方法，即一个机器人会将需要焊接的零部件送至一个固定安装的焊接枪下，再进行焊接。完成后这个机器人会将零部件送至下个程序。

- **操作**——机器人上装有一个抓手，要么是直接安装，要么是通过一个工具切换装置。它们的作用是将零部件运至点焊和粘合区，或者将它们送至传送带或质检区。

- **粘合**——机器人上装上有一个专用喷嘴，可向特定区域涂抹黏合剂。

⬇ 机器人有很多用途，图中机器人正在进行点焊操作。

← 沿着底板上的磁轨道，无人搬运车的工作只有一个，就是运送完整的仪表板。它们装有传感器，遇到障碍会自动停下来。

动态和静态摄像机系统实时监控以保证质量。

- **测量**——机器人上装有一个激光测量仪。它能测量车身壳体的各个位置，检验尺寸是否处于正确的公差范围内。

- **紧固螺栓**——机器人上装有一个可以装载、插入和拧紧的工具。在生产过程中，有些零部件需要机械固定，机器人会将螺栓装进一个扭力控制加载器，将螺栓拧至合适的程度。配合多个质量控制过程和高性能摄像机系统，能确保整个工作的准确性。

## 无人搬运车（AGV）

无人搬运车并不是一个新事物。很多工厂在多年前就已经开始使用了，其中包括全世界的宝马工厂。但是在牛津工厂，它们的作用却很特别。事实上，它们的工作就是运送零部件，需要注意的是驾驶舱是直接在无人搬运车上组装的，然后再将它运送至组装线。牛津工厂有40多辆无人搬运车，它们按照程序沿着组装大楼底板的一个磁轨道移动。它们还装有传感器来确保不会撞到沿途的人和设备。

# 第4章 牛津工厂

英国在汽车制造方面有着悠久的历史，而且直至今日仍然拥有众多能让全世界汽车爱好者产生共鸣的经典品牌。英国在汽车的设计和工程技术方面很早就被全世界所认可，并且在诸如牛津工厂这样的地方有很多技艺精湛的工程师。最初，这里被称作考利工厂，但在过去二十年里它已经更名为牛津工厂，并成为迷你——这个在今天最成功品牌之一的生产地。

除了庞大的规模，我们还有必要看看牛津工厂的历史，看看这是一个多么迷人的地方，一个创造出英国最好汽车的地方。在本章中，我会介绍厂址选择以及建造历史，而且还有很多有趣的小故事。我希望你能跟我一样，喜欢这个特别的地方。

### 牛津工厂简史

首先，我们来介绍一下威廉·理查德·莫里斯，没有他就不会有这本书。莫里斯出生于1877年，最初他是一名自行车制造厂的学徒，但是很快他就认识到汽车会改变未来，并在考利的一个旧军事学院里成立了汽车制造厂，这就是一个一直延续至今的汽车制造故事的开始。他的WRM（William Richard Morris的首字母）汽车公司在1913年3月28日制造出了第一辆汽车，并且在那一年一共有393辆离开了这个简陋工厂的大门。但很快，第一次世界大战爆发，工厂开始生产军事装备，战争结束后，工厂又很快恢复生产汽车。1919年，莫里斯成立了莫里斯汽车公司。

随后是一段扩张期，到20世纪20年代，原来的厂址上涌现出了一座座建筑，并逐渐形成了我们现在熟知的牛津工厂。在那十年中，公司占据了英国汽车41%的市场份额，并且以惊人的速度推出新车，并进入汽车零部件制造领域，包括成立了制造车身面板的冲压钢公司。

到1936年，公司已经成为纳菲尔德集团，并拥有包括沃尔斯利、莱利和MG等许多著名品牌（纳菲尔德是莫里斯高尔夫俱乐部附近的一个小村庄的名字，莫里斯在1938年被授予纳菲尔德勋爵）。第二次世界大战爆发后，工厂再一次变成兵工厂，制造虎蛾战斗机，以及救护车和滑翔机的零部件，此外工厂还对损坏的喷火和飓风战斗机进行了超过80000次维修。

1948年，工厂开始生产莫里斯Minor汽车，它也是伊斯哥尼斯的设计作品，并且是英国第一辆销量突破100万辆的汽车。当然我们不会忘了迷你，1959年考利工厂制造出了第一辆迷你。随后公司继续不断发展，将320000辆汽车出口到超过170个国

家，雇佣员工超过30000人，每周产量达到了6000辆。

接下来二十年，牛津工厂不仅推出了一批经典车型，而且还采用了很多创新的制造技术，例如在1986年罗孚800的制造中，新技术包括利用单独的预组装组件（例如仪表板），拆除车门进行喷漆，完成后再重新组装在一起。今天迷你的制造中仍然采用类似的技术。

1994年，宝马公司收购了牛津工厂并投入大量资金，两年后建造了车辆准备中心（2000年更名为迷你质量和工程中心）和一个耗资8000万英镑的喷漆车间。2001年新型迷你问世，2007年第100万辆迷你下线后宝马再

↑ 在那个时候迷你组装基本都是手工进行的，到今天牛津工厂的汽车制造历史已经超过了100年。

← 两辆完全不同的车型，左侧是一辆1913年考利制造的莫里斯"牛鼻子"汽车（莫里斯制造的第一辆汽车），右侧是一辆现代迷你，两辆车有100多年的时间间隔。

## 牛津工厂的车型

从1913年3月28日开始，当工厂制造出第一辆汽车——莫里斯"牛鼻子"时，它就不断推出新的车型，吸引着众多英国经典车型爱好者。下面我们不会一一列举，只会简要列出几种。

- 莫里斯"牛鼻子"（1913）
- 莫里斯考利（1915）
- 莫里斯牛津（1948）
- 莫里斯Minor（1948）
- 迷你（1959）
- 莫里斯1100（1962）
- 奥斯汀3L（1967）
- 奥斯汀Maxi（1969）
- 莫里斯马丽娜（1971）
- 奥斯汀18-22/王子/大使（从1975）
- 凯旋Acclaim（1981）
- 罗孚SD1（1981）

- 奥斯汀Maestro /Montego（1983/1984）
- 罗孚800/本田传奇（1986）
- MG RV8（1992）
- 罗孚600（1993）
- 罗孚75（1999）

牛津工厂在过去一百多年里换了很多次主人，它们分别是：

- 威廉·莫里斯，WRM汽车公司（1913）
- 纳菲尔德集团，包括莫里斯、沃尔斯利和MG（1936）
- 英国汽车公司（BMC）（1951）
- 英国汽车控股公司，BMC和捷豹合并后（1966）
- 英国利兰公司（1974）
- 罗孚集团（1986）
- 英国航宇公司，收购罗孚集团后（1988）
- 宝马公司（1994）

↓ 牛津工厂生产过的其中一部分车型。

2013 MINI JOHN COOPER WORKS HATCH

1926 Morris Oxford 14/28 two-seater Tourer

1935 Morris Eight, Series I

1960 Morris Mini Minor

1962 MG 1100

1969 Austin Healey Sprite Mk IV

1970 Morris Minor Million

1978 Morris Marina LE

1988 Sterling 827 S saloon

2001 MINI Cooper 'Austin Powers'

次投资1亿英镑。2011年，当时的英国首相卡梅伦驾驶着第200万辆迷你驶出生产线。

2013年是牛津工厂第一辆汽车出厂100周年，此时牛津工厂已经变成了一座非常现代化的工厂。2016年，牛津工厂迎来了又一个里程碑事件，新型迷你问世15年后，在12月1日，第300万辆迷你——一辆迷你Clubman正式下线。

➜ 2011年，时任英国首相卡梅伦前来参加第200万辆迷你的下线活动。

⬇ 五年后，总经理弗兰克·巴赫曼（前右）和董事会成员奥利弗·齐普（前左）以及一些工程师庆祝第300万辆迷你下线。

## 事实和数据

- 工厂占地面积668500平方米，相当于94个足球场。
- 工厂总共有4500名工人，包括113名学徒。
- 周一到周五采用三班倒。每天4:30到6:00停产进行维护。
- 自从2001年以来，宝马公司对工厂的投资超过10亿英镑。
- 超过30名安全消防人员待命，以防发生意外。
- 有五名卫生人员，包括一名医生和四名理疗师。
- 七个餐厅每天要供应1000人次饭。

### 环境和效率

与其他制造工业相同，汽车制造也变得越来越干净和高效。当涉及环境保护时，汽车工业肯定也不能逃避责任，牛津工厂也不例外，再加上最近几年对环保的检查越来越严格，牛津工厂投入了大量的时间和金钱来节约能源和减少废物排放。汽车制造始终是一个能源密集型项目，但牛津工厂已经在做出努力：

- 牛津工厂有英国最大的屋顶太阳能发电站。
- 有完善的雨水收集系统，用来冲刷厂区内的厕所。
- 余热回收系统确保工厂内产生的热量能反馈回工厂。
- 车间内4000个可编程灯有助于减少二氧化碳排放并提高效率。
- 广泛使用可回收包装。包装可以送回至供应商，以便在下一次交货时使用。

## 杰里米·斯托尔

财务总监

杰里米的工作就是对钱负责，除了对每一笔花费精打细算外，还包括持续改进和长远战略规划。所有一切都是从对数字的迷恋开始的，他说道："我父亲从20世纪50年代起就在工厂的设计部工作，因此子承父业也不奇怪。父亲建议我考虑一下成为一名学徒，那样的话我既能学到很多实用技能也能追求理论知识。1987年9月，为期四年的技术学徒生涯开始了，我最后的工作是在计算机模拟部门，在那里进行碰撞和车身完整性测试。在工厂的资助下我在1994年完成了数学学位的学习，并在当时罗孚集团的不同部门中工作，包括斯温登商业部，在那里我见证了一座冲压工厂的出现。"

杰里米还在工作之余获得了工商管理硕士学位，他认为学习是不可或缺的，并且当准备学习时，他很快就获得了公司的支持。他说道："当我在2001年离开罗孚公司后，我来到了宝马公司在斯温登的工程部，接着花时间学习了物流和供应链的各个方面，并在2014年成为财务总监。此外我还是董事会主席，管理着宝马英国业务的养老金计划，包括大约70000名员工。需要说明的一点是，尽管牛津工厂新型迷你的生产是在2001年开始的，但我有幸早在1995年就参与到了其中，因此我感觉我与现在的产品有着密切的联系。我是本地人，我对工厂的传统很着迷。尽管这项工作富有挑战性，但想到它能成为工厂历史的一部分就会感到非常自豪。"

■ 2006年到2015年间，在清洁生产和能源效率方面投入大量资金，成果包括：

| 名称 | 减少量（%） |
|------|-----------|
| 能源消耗 | 26 |
| 水消耗 | 36 |
| 运往堆填区的废物 | 91 |
| 有机物排放 | 27 |

### 牛津工厂和社区

从1913年3月28日第一辆汽车驶出工厂，工厂就成为当地社区的中心。当时，牛津工厂有数万名工人，而且莫里斯本人也很喜欢慈善事业，他在1937年为工厂工人和当地居民建造了一个教堂。今天，牛津工厂和以前一样也从事很多慈善事业，与当地社区保持密切联系。

## 太阳能发电站

回到2014年夏天，牛津工厂宣布了一个节能的新措施，即屋顶太阳能发电站。它位于白车身车间的屋顶，包括11659块太阳能发电板，总面积约2万平方米，相当于5个足球场。事实上，太阳能板阵列能产生大约3兆瓦的电力，可以保证大约700户家庭的用电。它不仅为工厂提供了电力，并且减少了二氧化碳的排放量。太阳能发电并不是新技术，但在屋顶上建立一座太阳能发电站是牛津工厂确保高效生产的又一个实例。

← 令人印象深刻的牛津工厂屋顶太阳能发电站。

↑ ↗ 为本地的活动和慈善机构募集善款是工厂与社会紧密联系的重要组成部分。

教育是其中一个关键的主题，工厂与当地学校密切合作，给年轻人提供实习的机会。但并不是所有项目都是培养下一代工程师，里面还涉及很多有趣的东西。迷你是一年一度考利路嘉年华的主要赞助商，这项活动是为了庆祝当地文化的多样性，能吸引40000多名游客。此外工厂还会为残疾儿童慈善会和麦克米伦癌症慈善会募集善款，并且参与当地的艺术活动和社区活动。此外，

牛津工厂还会定期举办家庭日，让工人的亲戚朋友有机会进入工厂参观。一个拥有百年历史的汽车制造厂，没有理由不让后代参与进来。纳菲尔德勋爵肯定会同意的。

## 健康和安全

牛津工厂内有大量从事各种各样工作的工人，在生产过程中会使用大量化学品和复杂的重型机械，因此就

→ 牛津工厂有自己的安全团队，来保证工人和游客的安全。

需要一个专门的健康和安全团队,来应对最坏的情况,保证工人和参观者的健康和安全。

健康和安全是一种责任,它主要分为两个部分。第一部分是正常训练和入职培训,以确保所有工人都能安全有效地开展工作。所有一切都是在第一时间内预防伤害和事故,因此重点关注下面的内容,例如手动操作(零部件和机器的抬起和操作)、安全使用工具和机械,以及必要的自我防护措施(涉及化学品、灰尘和振动)。

另一部分涉及工人自己的日常健康和福祉。牛津工厂有一个专门的职业健康专家团队,他们不仅提供建议和指导,而且能够帮助受伤和生病的工人(可能发生在工作以外,例如运动场等)回到岗位。营养同样重要,因此工厂食堂会提供更健康的饮食选择。如果

发生事故,一个专门的团队(包括工厂自己的消防队)会立即进行处理。

最后,要知道汽车工业是一个快速发展的行业,人们会不断审查健康和安全流程,来确保它们满足未来技术的要求,不管是车辆本身(例如电动汽车的广泛引进)还是建造它们的工厂。

↑ 工厂内的医疗和消防人员会时刻待命,以应对最坏的情况发生。

↓ 牛津工厂对工人的健康和福祉非常重视,专家会在现场提供指导和帮助。

## 游客中心和博物馆

　　毫无疑问，牛津工厂吸引着来自全世界的游客，他们既能体验到牛津工厂悠久的历史，也能近距离直观看到世界上最先进汽车制造厂的生产过程。这是一个迷人的地方，对迷你爱好者来说是幸运的，可以体验到真正的生产过程。游客中心于2003年，在新迷你生产两年后正式开馆。游客只需很短的时间就能对牛津工厂的历史有深入的了解，他们还能参观到白车身车间和最终组装的生产过程。由于喷漆车间有很多化学物质，并且需要绝对的干净整洁，因此那里是禁止参观的。

　　游客中心有11名导游，超过一半都在这里工作了很长时间，对牛津工厂和迷你的历史十分了解。他们每人每次能引导15名游客。事实上，牛津工厂一天只安排十次参观，因此每年游客的人数大约为15000人，随着全世界越来越多的人来这里参观，人数每年都会稳定增长。除了游客外，工厂还为技术工作团队、学校和大学生以及经典汽车俱乐部提供服务。甚至还有人在工厂里求婚，真是非常浪漫！

　　除了游览外，游客还能在博物馆中看到很多东西。宝马公司收购牛津工厂后，博物馆正式开馆。它借鉴了位于慕尼黑宝马博物馆收藏大量经典汽车的展示方式，游客可以一次参观大约20辆汽车。当然现在迷你是最重要的展品，尤其是在2012年伦敦奥运会使用的那一辆电动车型，以及一辆覆盖着牛皮的车型。

⬇ 牛津工厂博物馆介绍了工厂的历史，展示了很多经典车型，图中是一辆1914年莫里斯"牛鼻子"汽车。

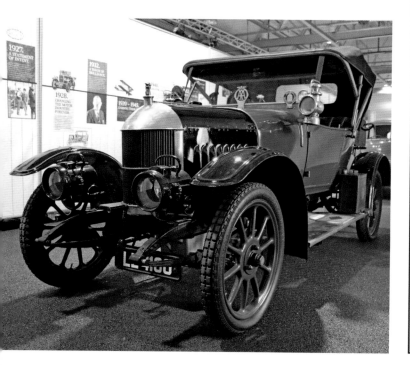

**特里·斯特林格**

导游

　　在过去十几年里，特里一直是牛津工厂的导游，他对牛津工厂的历史了如指掌。特里说道："回到20世纪60年代，我进入了生产车身的冲压工厂。我的工作是焊接，后来我成为生产部经理，并见证了一系列车型的诞生，从奥斯汀Maxi、莫里斯马丽娜和奥斯汀Maestro到各种罗孚车型。1994年工厂被宝马公司收购后，我仍然在这里工作，见证了迷你的复兴。最后，我在2003年以生产经理的职位光荣退休。"

　　那后来又怎么变成了一名导游呢？特里说道："当我退休后，宝马公司联系到我，问我是否对导游感兴趣，我毫不犹豫就答应了。现在我每周工作2~3天，向游客展示牛津工厂。当看到白车身车间的全自动化组装过程后，游客都显得非常震惊！"

← 这是一辆1967年的莫里斯迷你，它后面是一辆迷你拉力赛车（左）和2001年前生产的迷你。

在博物馆里，游客能找到很多莫里斯Minor和"牛鼻子"车型，游客还有机会欣赏一些电视电影中出现的车型。还记得2003年好莱坞明星马克·沃伯格和查理兹·塞隆主演的经典电影《偷天换日》吗？电影中的那辆车就在展台上，它装有一个专门为特技镜头设计的双控制器。博物馆里还有电影《王牌大贱谍》中的那辆车，以及迈克尔和娜塔莎·凯恩签名的一辆车。博物馆不仅用来展览，工厂还会用它来举行会议和活动。

总之，游客中心和博物馆是体验迷你世界的一个非常棒的方式，通过本书的介绍相信你一定非常想到现场看看。

← 博物馆的重要展品——一辆覆盖有牛皮的迷你 Cooper！

## 实习学校和培训中心

考虑到牛津工厂内工作的复杂性，因此迷你会在培训方面投入巨资。事实上，自从2012年弗兰克·巴赫曼推出"迷你学院"以来，总花费已经超过了100万英镑。此外，牛津工厂还建造了一些培训设施，这里不仅能培训新人，而且还能让已经工作的人学习新技能。

### 培训中心

迷你的制造过程中要安装大量零部件，确保每个零部件正确安装并且在安装过程中不能造成任何损坏是一个巨大的挑战。牛津工厂的培训中心成立于2006年，主要负责让那些新员工和换岗员工能够胜任新的工作岗位。

首先是为期两天的培训，主要有三个内容：数控工具的使用、内饰零部件的安装，以及电气连接的正确方法。结束后会有一个技能测试，通过测试的

⬇ 装备齐全的训练中心对整个工厂的正常运转起着至关重要的作用。

**加雷思·戴维斯**

培训师

"我没有任何汽车专业背景，原计划只在这里工作很短的时间。我很喜欢摩托车，并且在业余时间喜欢玩弄家用电器，但我想牛津工厂的工作是一个机会。现在我已经在这里工作了11年。我喜欢工厂里的一切，并享受在这里学习的过程，我在组装线的几乎所有区域都工作过。工人都非常棒，这对我来说非常重要，我很高兴能成为一名培训师，不仅能传授知识，而且还能看到人们的不断进步。我想要人们都喜欢他们的工作并且在自己的岗位上不断进步。"

人会进入下个阶段为期5天的组装线培训，在那里重点是确保工人能在有限时间内在不对车身造成损坏的情况下完成特定的工作。那些没能通过技能测试的人只能等待六个月才能再次申请。培训中心会保存培训记录，并且工厂鼓励工人返回培训中心"复习"技能，当推出新车型时"复习"就显得尤其重要。

此外，牛津工厂还有一个非常受欢迎的项目，那就是"回到一线"。在宝马公司内任何人，不管是高级管理人员还是行政人员，都有机会在组装线待上一个星期，真正感受一下制造一辆车的过程。

## 学徒学校

几乎没有公司会否认持续供应有才能、有技术工人的重要性，因此迷你也有自己的学徒培训方案，该方案从1994年宝马接管牛津工厂以来一直在运行。学徒学校会与牛津郡附近的学校密切合作，进入工厂工作学习不同领域的内容，包括工程、保养和维护、后勤，以及激励下一代学生。学徒学校每年招收大约30个学徒，培训的大部分时间都花在公司未来几年的业务需求方面。

### 罗伯托·博纳西萨

学徒培训顾问

罗伯托在1987年以学徒的身份进入工厂，他说道："在学校我计划成为一名职业运动员而不是学术事业，但后来证明我也很擅长工程专业。当我看到叔叔在家里重新组装了一台发动机和变速器，我就知道我也想做同样的事。我父亲在利兰和罗孚汽车生产线上工作，因此他帮我进行了学徒申请，接下来四年我一边在大学里学习，一边作为学徒工作。我的专业是工具制造，但后来又涉及汽车制造。我作为启动团队的一员加入迷你，后来又成为一名培训顾问。能够激发年轻人的灵感真的很棒，这是一项很有回报的工作。"

⬇ 学徒会学习迷你制造过程的每个方面，首先是基础工程学习。

**凯利·莫纳亨**

学徒

"我在2015年8月完成GCSE考试（中学毕业考试）后加入了学徒计划。离开学校后我并不确定进入大学会带来一份工作，而且我爸爸在牛津工厂工作，他鼓励我考虑申请成为一名学徒。我以前接触过相关的项目，参加了"女孩学技术"计划——一项鼓励女孩考虑工程职业的计划。在这之后，我决定申请学徒计划，后来证明这是一个非常正确的决定。学徒最显著的特点是将理论和实践结合在一起，有助于自身的理解。"

"我很喜欢在这里工作，并认为这里有自己的未来。我渴望自己能够在三年的学徒生涯后获得高级国家证书。这里的管理层非常鼓励学徒计划，这也让我更加享受这个经历。"

⬇ 牛津工厂的学徒合影

学徒申请通常是在每年12月到第二年3月，春天和夏天则会进行严格的筛选，包括在线测试、能力评估、团队合作评估以及面试。专业也非常广泛，包括工程、维修、金融、商业和IT。

根据专业不同，会有两种学徒类型——商业和IT专业是三年制学徒；其他工程类专业是四年制学徒。以四年制学徒为例，每年8月份会确定最终的学徒名单，接着他们会被分配到工厂各个区域进行为期四周的现场实践，这段时间内还会有一个厂外拓展训练课程来提高团队能力。回到牛津工厂后，学徒会开始一个为期四年的学习计划，包括实践训练和理论知识学习，合格的人会获得BTEC文凭以及一个3级NVQ资格证书。学徒还有机会进一步学习获得一个完整的大学学位。

借助于详细的监控和评估，以及完全的支持系统，大部分学徒完成学业后会留在牛津工厂。对于那些能加入学徒

**泰勒·诺克**

学徒

"与凯利相同,我也是2015年8月从学校毕业后就成为一名学徒。说实话,我真的感觉不到我的优势是学术,我更喜欢动手操作,因此我感觉现在的维修工程师学徒非常适合我。我一直对汽车和机械方面很感兴趣,所以我知道自己想要从事相关的工作,但只是不知道该怎么做。我以前来到牛津工厂实习过一段时间,我真的非常喜欢,并且从那时起我就知道我想做什么。另一件让我震惊的是这里与学校完全不同,比我想象的变化还要大,当然是好的方面。事实上,与这么多不同年龄和经验的人一起工作,意味着在很短的时间内我都感觉到了自己的变化。我已经做出了正确的选择来到了这里,并一直期待着完成学徒生涯成为一名正式的员工。"

计划的人来说,工厂还有一个入门资格计划,进行为期12个月的培训,为完整的学徒训练做准备。

## "女孩学技术"计划

很多商业领袖都感叹在工程领域中缺少女性的位置,为此迷你推出了"女孩学技术"计划。该计划鼓励15~24岁的女孩花费大约4天时间体验牛津工厂和附近的斯温登或海姆斯霍尔等零部件制造工厂。经过几年的实施,证明这是一个成功的计划,吸引了大量女性进入到学徒计划,进行完整的学徒培训。

# 迷你的赛车

### 迷你的赛车历史

如果有一辆车注定会在比赛中获胜,经常能够战胜更强大的人,扮演"巨人杀手"的角色,那么它肯定就是迷你。设计阶段,亚历克·伊斯哥尼斯并不十分坚信赛车运动的力量,而很多汽车制造商坚信"Race on Sunday, sell on Monday(周日比赛,周一卖车)"的格言,这个短语是美国人鲍勃·塔斯卡创造的,他在20世纪60年代参与了福特的肌肉车项目,但他没能看到自己作品的辉煌就去世了。迷你也开始参加一些汽车比赛,在1961年的英国房车锦标赛中,冠军由约翰·惠特莫尔驾驶的奥斯汀Se7en获得。随后迷你分别在1962年(约翰·洛夫,迷你Cooper)、1969年(亚历克·普尔,迷你Cooper S)、1978年和1979年(两年都是理查德·朗曼,迷你1275GT)获得冠军。

1964年1月的蒙特卡洛拉力赛,在帕迪·霍普柯克和亨利·利登的驾驶下,迷你Cooper(一辆1961年9月刚刚推出的车型)获得冠军,这立刻吸

↓ 回到20世纪60~70年代,迷你在比赛中真可谓是一个"巨人杀手"。

← 蒂莫·马基宁和保罗·伊斯特恩驾驶迷你Cooper获得了1965年蒙特卡洛拉力赛的冠军。

↙ 迷你尺寸紧凑，操作灵活，非常适合拉力比赛。

引了公众的注意。第二年，蒂莫·马基宁和保罗·伊斯特恩驾驶迷你Cooper再次获得冠军。第三年，迷你在领先时由于被判定为技术侵权而被取消资格。结果到了第四年，劳诺·阿尔顿和亨利·利登驾驶迷你Cooper再次获得冠军。

当迷你宣布重返拉力赛场时，其中一些著名的名字再次出现在我们面前。2011年4月，在帕迪·霍普柯克和劳诺·阿尔顿的见证下，迷你在牛津工厂推出了世界拉力锦标赛（WRC）赛车。新赛车是由拉力赛传奇普罗德里夫研制的，它以 Countryman 为基础，搭载了一台宝马1.6升涡轮增压四缸发动机，搭配六速变速器和四驱系统。克里斯·米克和丹尼尔·索多被任命为驾驶人，迷你计划在2011年参加少数几场比赛，接着在2012年全力以赴争夺冠军。但是尽管获得了一些胜利，但迷你官方车队还是在2012年底退出比赛，但在一些私人车队中，迷你赛车仍然在参加比赛。

最近几年，迷你赛车还尝试参加了具有挑战性的达喀尔拉力赛并获得冠军。新型赛车采用管状钢制底盘和碳纤维车身，搭载了一台3.0升涡轮增压直列六缸柴油发动机。史蒂芬·彼德汉塞尔驾驶它在2012年和2013年连续两年获得冠军，此外在其他车手的驾驶下，迷你赛车还赢得了2014年和2015年的冠军。

← 2011 年，迷你公司在牛津工厂推出了迷你WRC 挑战者。遗憾的是，两年后迷你官方车队宣布退出拉力比赛。

# 迷你挑战赛周末

在任何形式的赛车运动中，比赛周末是最令人兴奋的时刻，是车队努力工作的最终体现，毫无疑问，对参加迷你挑战赛的牛津工厂工作人员来说也是这样。在比赛前几周，车队会对车辆进行彻底的检查，重点放在悬架几何结构和设置方面。工程师会对转弯加速、行驶高度、外倾角和行驶轨迹进行测量和调整。比赛周末的星期五，车队和驾驶人会进行一整天的测试，驾驶人会熟悉赛车，大约驾驶行驶两个半小时；车队则关注微调悬架设置、外倾角和轮胎压力。他们会在特定的区域放置货车并放置遮阳棚，为周六的排位赛和第一场比赛做准备。星期天有两场比赛，如果所有一切都按计划进行，后两场应该不会有什么压力，但在前一场比赛完成后还需要进行一些特别的工作。当比赛结束后，车队会将所有东西打包装进货车，返回牛津工厂。

## 詹姆斯·卢克斯

**复杂车辆分析部门主管**

除了全职工作外，詹姆斯还担任迷你车队的车队经理。他自豪地说道："我父亲以修复经典汽车为生，所以我一直很喜欢赛车，并喜欢研究和修理它们，不管是节假日还是周末。赛车也是我生命中重要的组成部分。我15岁就开始赛车，让我决定申请罗孚公司四年制学徒的其中一个重要原因就是当时罗孚有一支车队。我对分析问题和解决问题有着浓厚的兴趣，这让我进入了复杂车辆分析部门，同时也参与到赛车领域中。"

"我曾经是迷你车队的赛车手和机械师，并且在过去六年里我一直是车队经理，这就意味着我要对车队组织和管理负责，处理赞助、财务和赛事组织事务，支持迷你合作活动等，当然我还负责与迷你董事会联系。同时负责两份工作很有挑战性，这意味着我要花很长时间来工作。但是能参与到赛车活动真的非常棒，赛道上的成功让一切都变得有价值。"

迷你曾经在激烈的达喀尔拉力赛中获得冠军。

牛津工厂的赛车活动包括为迷你挑战系列赛准备赛车。

→ 奎夫顺序变速器是挑战赛赛车的指定配置。

从2002年开始出现了迷你单一品牌挑战系列赛，举办地都是英国经典赛道，包括银石赛道、布兰兹-哈奇赛道和多宁顿赛道（2013年还包括赞德沃特赛道，2016年还包括斯帕赛道）。系列赛分成两大类：迷你Cooper是入门级，赛车搭载一台1.6升135马力自然吸气发动机，采用光面胎；接着是迷你JCW，赛车搭载一台2.0升275马力涡轮增压发动机，并有很多复杂的配置，包括定制变速器、三通道可调节变速器和一个特殊的赛车发动机ECU。此外，系列赛还有一个"开放"级，邀请不同的迷你车型和赛车手参加比赛。

所有的挑战赛赛车都是由一家位于萨福克的独立公司打造的，牛津工厂的比赛任务属于一个位于"Building 71.0"车间的特殊团队（注意团队中的人都在工厂内有其他工作）。在考利工厂时代，Building 71.0被用作尾气排放

测试，现在它已经被改装成了车间和车队总部。

牛津工厂从一开始就参加迷你系列挑战赛，最初是使用R50型，车队过去会利用最基本的零部件打造出一辆赛车，但自从赛车的生产转移至萨福克以后，车队的重点就转移到了赛车的准备和测试上。当新车到达后，第一步就是测试，地点包括银石赛道、布兰兹-哈奇赛道、库姆堡赛道等很多英国赛道。通常一次要持续好几天时间，车队关注的重点是悬架几何结构和设置以及轮胎测试。轮胎测试包括监控和了解轮胎特点，包括温度改变和老化等。此外，车队会在整个赛季一直学习赛车设置，并在每场比赛后汇总各种数据。牛津工厂还负责赛车的外观，因此会在装饰方面花很多时间，确保它能在赛道上出类拔萃。

接着就是去参加比赛，大约六人（来自工厂的各个岗位，从工程到喷漆等）组成的团队会参加比赛并监督每个方面，从赛车设置维护到物流运输，以及赛车手的生活和休息。目前的赛车手有三名，他们都来自工厂，车队也会为未来的比赛培养新的赛车手。车队中的所有成员都来自牛津工厂，他们都有很强的团队精神，可以共同完成很多困难的工作。

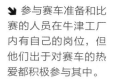

↘ 参与赛车准备和比赛的人员在牛津工厂内有自己的岗位，但他们出于对赛车的热爱都积极参与其中。

↓ 詹姆斯·卢克斯（左）和克里斯·弗莱尔正在进行特殊的悬架设置。

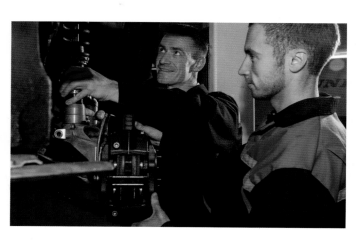

# 道路汽车

2016年，迷你推出了迷你Cooper挑战者，一款由牛津工厂车队研发的限量版汽车，旨在将挑战赛赛车的一些特点转移到道路汽车上。新型汽车目标客户是那些掀背车爱好者，2016年限产50辆。它们搭载了JCW 231马力2.0升涡轮增压发动机，最高速度能达到244千米/时，百千米加速耗时仅需6.3秒。

利用已经参与到赛车项目的供应商，工程师可以直接获得合适的零部件以最大限度地提高产品性能，包括奎夫顺序变速器、纽特伦可调节减振器、运动赛车尾气系统、更先进的制动器以及更轻便的17英寸合金车轮。空气动力学方面的调整包括更大的进气口和后扰流板。所有车辆都被喷涂成银色车身和黑色车顶。车内是黑色的座椅，仪表板上还有一个特殊的制造编号。

↑ 限量版迷你 Cooper 挑战者，它是在赛车平台上打造的，它旁边就是著名的迷你赛车。

↓ Building 71.0 车间门口的限量版迷你 Cooper 挑战者，Building 71.0 是进行赛车准备工作的特殊车间。

# 第5章 迷你的未来

在 2016 年夏天的宝马公司未来体验展览上，公司正式发布迷你 Vision Next 100 概念车。

如果没有回顾过去，我们就不能真正看到迷你的未来。今天高档车品牌需求旺盛，但问题是大多数小型车回归后都抢占了量产车的市场。为了在21世纪重塑迷你这个经典的品牌，公司研发了一款运动车型，旨在追求卓越，吸引那些年轻消费者。

公司还向顾客提供个性化的服务，很多内容都被许多其他汽车制造商所借鉴。个性化服务的内容逐渐扩大到敞篷车和SUV，每一代都会有更大的选择，变得更加复杂和精致，此外驾驶体验也变得越来越成熟。尽管如此，迷你还是保留了最原始乐趣和灵活的特点。

但是汽车市场变化很快，仅仅是这样的改进已经显得有些不够，现在我们正朝着一个前所未有的时代前进，各种标准越来越严格，我们需要离开严重依赖的化石燃料，利用电能等清洁能源。那么在未来的日子里，牛津工厂肯定会驶出一些很特别的车型。

在不久的未来，未来5~10年，迷你会更专注于连通性和自主性。连通性是今天任何一辆汽车非常关键的一部分。不久以前，车主还会对收音机，甚至CD播放器感到满意，但今天即使最低端车型的汽车制造商也会配备多媒体系统，它能连接智能手机，具有触摸屏和语音控制功能，并且甚至会将汽车变成一个WiFi热点来访问互联网和收发电子邮件。

很明显，迷你一直在科技的最前沿，每一辆车上都装备有嵌入式SIM卡，允许车辆和经销商网络间的通信。例如，系统可以监控汽车的状况，如果一个零部件需要更换，后台会立刻联系车主并安排所需的工作。所有一切都是为了增加与顾客的互动，提高服务水平。此外，随着自动驾驶变成现实，连通性也会变得越来越重要。自动驾驶时，传统意义上的操作驾驶会被其他事情所取代，因此一个可以让车主与媒体、其他车主联系的平台就会成为汽车设计的关键方面。

展望未来，下个20年或更远，迷你会面临更多的挑战。首先是燃料的问题，尽管内燃机在未来还会陪伴我们一段时间，但寻找一种可行的可持续的替代方案正变得越来越重要。此时，迷你以及很多其他制造商已经探索了采用氢燃料，但成本和缺少基础设施的问题无法克服，至少在短期内，因此他们将目标转移到了电能上。迷你已经推出了插电式混合动力系统车型，当然它绝对不会是采用类似动力系统的最后一辆。本书写作的时候，宝马公司已经声明在2019年的某个时候推出全电动迷你车型。

此外，未来还有自主性的问题，几

乎可以肯定自主性会改变人们使用汽车的方式。有限的自主性，即电子系统会在特定的条件下自动驾驶汽车，将很快成为主流汽车发展的一个特点，其中美国的特斯拉公司处于领先阶段。完全实现自动驾驶可能还要走很长的一段路，但技术的发展比人们想象的要迅速。

当然，对很多人来说驾驶乐趣仍然是一个很重要的因素，并且它也是迷你品牌的核心元素。人们强烈希望未来迷你会成为"共享经济"的一部分，这意味着未来的驾驶人也许并不需要或想要真正拥有一辆汽车。迷你坚信核心客户群希望分享一辆车的所

## 迷你E

迷你 Vision Next 100概念车向我们展示了电动汽车的未来，但迷你很早以前就开始了电动汽车的研发。在2008年的洛杉矶车展上，迷你推出了迷你E，用于测试电气技术一系列车型的其中一辆。工程师没有使用内燃机，而是给它安装了一台204马力的电动机，电源则由安装在后排座椅上的一个35千瓦·时锂离子蓄电池提供。迷你E

没有变速器，采用前轮驱动，只能前进和后退，而先进的制动系统能在制动时给蓄电池充电。迷你E的单次续驶里程为160~200千米，完全充满电需要10个小时。迷你E的最高速度能达到150千米/时，百千米加速耗时仅需8秒。凭借平顺的行驶方式和强劲的动力表现，它受到了汽车媒体的广泛赞赏。

⬇ 迷你E问世于2008年，它是迷你电气技术的一个测试平台。

有权，但对于一个以个性化著称的品牌来说，这显然是一个挑战。迷你的答案就是迷你Vision Next 100概念车。在揭幕仪式上，它被描述成"一辆完全个性化，永久性的城市移动形式"——本质上讲它不属于任何人，但是当需要的时候人们就能使用。

人们相信未来驾驶汽车更多的是通过经验而不是实际拥有，因此确保汽车保持与人们生活联系的任务并不容易。迷你Vision Next 100概念车揭示了不同的个性化是可行的，即使由许多人共享的一辆汽车也能根据人们的喜好改变颜色并满足不同的需求。当然这显得有些科幻，但当涉及共享汽车时，就显得很实用。例如，外

## 展望未来

迷你 Vision Next 100概念车问世于2016年夏天，作为宝马公司百年庆典的一部分。它的出现可以让人们想象一下未来汽车的样子。它有很多特点，不仅保留了迷你的紧凑尺寸，而且保留了运动风格，四个车轮安装在了四个角上。前

饰和内饰可以使用纤维素等可再生资源。当遇到城市拥堵的环境时，概念车独特的内部设计可以让人从任何一侧进出汽车，并且让车门可以在受限的空间尽可能展开。

这是一个很聪明的设计。而且迷你已经在美国进行了一次"重新崛起"试验来测试这项技术的早期阶段。"重新崛起"计划提供一个全新的共享服务，让人们可以共享使用基于站点的汽车。

毫无疑问，迷你已经开始为完全不同的驾驶未来研制汽车。不管我们使用的共享汽车使用的是电能还是传统的汽油，我们仍然能体验到不断的创新，而创新也是迷你50多年历史的核心所在。

脸也是对经典迷你时尚的重新阐释。

真正的惊喜在车身内部（车身可以根据驾驶者喜好改变颜色）。迷你Vision Next 100概念车不仅采用了电能驱动，而且还阐释了自动驾驶技术，它能够自动停车、清洗和充电，接着进行下一段旅程。方向盘和踏板在自动驾驶时可以自动调整，仪表板上AI能与驾驶人交流，为驾驶人选择放松或运动的驾驶模式。

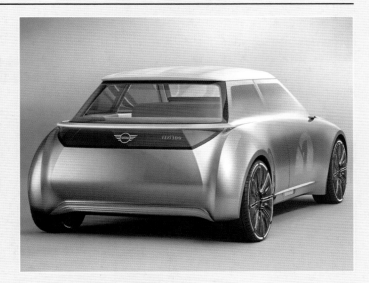

← 迷你 Vision Next 100 概念车能让我们想象迷你未来的样子。

↗ 比今天的迷你更加紧凑，整体造型显得非常动感。

→ 驾驶舱也充满未来感，迷你 Vision Next 100 概念车探索了自动驾驶的可能性。

# 附录

## 型号编号

与所有现代汽车制造商相同，迷你也会给每个型号一个特定的编号，用于识别特定型号和平台，并轻松区分每一代车型。从2001年新型迷你问世后，型号编号如下所示：

### 第一代

R50　迷你Hatchback（2001—2006）
R52　迷你Convertible（2004—2008）
R53　迷你Cooper S（2001—2006）

### 第二代

R55　迷你Clubman（2007—2014）

R56　迷你Hatchback（2007—2013）
R57　迷你Convertible（2009—2016）
R58　迷你Coupe（2012—2015）
R59　迷你Roadster（2012—2015）
R60　迷你Countryman（2010—2017）
R61　迷你Paceman（2013—2016）

### 第三代

F54　迷你Clubman（2015至今）
F55　迷你Hatchback 5-door（2015至今）
F56　迷你Hatchback 3-door（2014至今）
F57　迷你Convertible（2016至今）
F60　迷你Countryman（2017至今）

## 代表车型的性能参数

| 迷你Cooper & Cooper D 3-door（F56）& 5-door（F55） | |
| --- | --- |
| **汽油发动机** | |
| （手动变速器，括号内是5-door车型参数） | |
| 气缸数量 | 3 |
| 排量 | 1499毫升 |
| 功率 | 136马力 |
| 转矩 | 220牛·米 |
| 最大速度 | 130英里/时（129英里/时） |
| 0—100千米/时加速时间 | 7.9秒（8.2秒） |
| 油耗 | 62.8英里/加仑（60.1英里/加仑） |
| 尾气 | 105克/千米（109克/千米） |
| **柴油发动机（手动变速器）** | |
| 气缸数量 | 3 |
| 排量 | 1496毫升 |
| 功率 | 116马力 |
| 转矩 | 270牛·米 |
| 最大速度 | 127英里/时（126英里/时） |
| 0—100千米/时加速时间 | 9.2秒（9.4秒） |
| 油耗 | 80.7英里/加仑（78.5英里/加仑） |
| 尾气排放 | 92克/千米（95克/千米） |

| 迷你Cooper & Cooper SD 3-door（F56）& 5-door（F55） | |
| --- | --- |
| **汽油发动机** | |
| （手动变速器，括号内是5-door车型参数） | |
| 气缸数量 | 4 |
| 排量 | 1998毫升 |
| 功率 | 192马力 |
| 转矩 | 280牛·米 |
| 最大速度 | 146英里/时（144英里/时） |
| 0—100千米/时加速时间 | 6.8秒（6.9秒） |
| 油耗 | 49.6英里/加仑（47.9英里/加仑） |
| 尾气 | 133克/千米（136克/千米） |
| **柴油发动机（手动变速器）** | |
| 气缸数量 | 4 |
| 排量 | 1995毫升 |
| 功率 | 170马力 |
| 转矩 | 360牛·米 |
| 最大速度 | 141英里/时（140英里/时） |
| 0—100千米/时加速时间 | 7.3秒（7.4秒） |
| 油耗 | 70.6英里/加仑（68.9英里/加仑） |
| 尾气排放 | 106克/千米（109克/千米） |

注：1英里约为1.6千米；1加仑（英）约为4.5升。

## 迷你John Cooper Works 3-door（F56）

### 汽油发动机（手动变速器）

| | |
|---|---|
| 气缸数量 | 4 |
| 排量 | 1998毫升 |
| 功率 | 231马力 |
| 转矩 | 320牛·米 |
| 最大速度 | 153英里/时 |
| 0—100千米/时加速时间 | 6.3秒 |
| 油耗 | 44.8英里/加仑 |
| 尾气排放 | 147克/千米 |

## 迷你Clubman Cooper（F54）

### 汽油发动机（手动变速器）

| | |
|---|---|
| 气缸数量 | 3 |
| 排量 | 1499毫升 |
| 功率 | 136马力 |
| 转矩 | 220牛·米 |
| 最大速度 | 127英里/时 |
| 0—100千米/时加速时间 | 9.1秒 |
| 油耗 | 55.4英里/加仑 |
| 尾气 | 118克/千米 |

### 柴油发动机（手动变速器）

| | |
|---|---|
| 气缸数量 | 4 |
| 排量 | 1995毫升 |
| 功率 | 150马力 |
| 转矩 | 330牛·米 |
| 最大速度 | 132英里/时（140英里/时） |
| 0—100千米/时加速时间 | 8.6秒 |
| 油耗 | 68.9英里/加仑 |
| 尾气排放 | 109克/千米 |

## 尺寸和重量

| | 3-door | 5-door | Clubman |
|---|---|---|---|
| 长度 | 3821毫米 | 3982毫米 | 4253毫米 |
| 宽度 | 1727毫米 | 1727毫米 | 1800毫米 |
| 高度 | 1414毫米 | 1425毫米 | 1441毫米 |
| 轮距 | 2495毫米 | 2567毫米 | 2670毫米 |
| 重量 | 1160千克 | 1220千克 | 1300千克 |

## 迷你Clubman John Cooper Works ALL4（F54）

### 汽油发动机（手动变速器）

| | |
|---|---|
| 气缸数量 | 4 |
| 排量 | 1998毫升 |
| 功率 | 231马力 |
| 转矩 | 350牛·米 |
| 最大速度 | 148英里/时 |
| 0—100千米/时加速时间 | 6.3秒 |
| 油耗 | 38.2英里/加仑 |
| 尾气排放 | 168克/千米 |

### 变速器

- 六速手动
- 六速自动
- 八速自动（Clubman）

### 悬架

- 前：装有防倾杆、铝制旋转轴和钢制横杆的单接头麦弗逊悬架。
- 后：装有拖曳臂、螺旋弹簧、伸缩减振器和防倾杆的多连杆悬架。

### 转向

- 电子助力转向

### 制动系统

- 前：通风式制动盘
- 后：实心制动盘
- 驻车制动：Clubman采用电子驻车制动，其他车型采用机械驻车制动。

### 电子辅助系统（根据车型）

- 防抱死制动系统（ABS）
- 电子制动力分配系统（EBD）
- 转向制动控制（CBC）
- 动态稳定控制（DSC）
- 动态牵引控制（DTC）
- 电子差速锁控制（EDLC）
- 制动辅助、坡起辅助、制动补偿

## 第一代宝马迷你（R50）

车型：迷你One、Cooper、Cooper S。

| 汽油发动机（手动变速器） | |
|---|---|
| 气缸数量 | 4 |
| 排量 | 1598毫升 |
| 功率 | 90~163马力 |
| 转矩 | 140~210牛·米 |
| 最大速度 | 112~135英里/时 |
| 0—100千米/时加速时间 | 7.4~10.9秒 |
| 油耗 | 33.6~43.5英里/加仑 |
| 尾气 | 158~202克/千米 |

### 其他参数

■ R50车型可以安装五速手动或CVT自动变速器。

■ 价格区间是10300英镑到14500英镑，最便宜的是迷你One，最贵的是2002年问世的迷你Cooper S。

■ 第一辆柴油车型One D问世于2003年。

■ 迷你提供价值100英镑的售后服务套餐，包括5年或50000英里的保养和质保。

　顾客可以选择额外的套餐，它们是：

■ 低配：银色内饰、地板垫、储物套件、卤素前照灯、内饰灯套件、乘客座椅高度调节和安装在转向柱上的转速表。

■ 中配：除上面的项目外，还包括15英寸8辐条合金车轮和镀铬保险杠。

■ 高配：除上面的项目外，还包括带有布艺/真皮装饰件的运动座椅、方向盘和档位真皮装饰、运动型悬架、16英寸合金车轮和车顶翼。

↓ 问世于2008年的第二代宝马迷你John Cooper Works（JCW）。

## 第二代宝马迷你（R56）

　第二代宝马迷你问世于2006年，价格区间是11595~15995英镑。

■ 第二代宝马迷你的车身是全新设计的，拥有比以前更好的空气动力学性能。对于Cooper车型来说，空气阻力从$C_d$0.35下降到了$C_d$0.33。

■ 第二代宝马迷你的尺寸更大，Cooper车型就比之前大了60毫米。随着设计的改变，前照灯的安装位置也由原来的发动机舱盖改变到车身上。

■ 第二代宝马迷你采用了全新系列的四缸发动机。Cooper车型还安装了宝马的电子气门系统，Cooper S车型安装了直喷式涡轮增压装置。

## 迷你特别版

迷你对特别版的世界并不陌生，在生产中会推出一些特别版来庆祝纪念日或仅仅是为了促销。宝马公司也热衷于向顾客提供一些与众不同的东西，顾客可以选择各种伦敦主题，包括"贝克街""邦德街""海德公园"等。

迷你Inspired by Goodwood就是一辆特别版汽车，它的售价达到了41000英镑，包含了任何人们想象到的奢华。它是由迷你与劳斯莱斯合作打造的，搭载181马力增压发动机。整体看去，人们肯定会被炫目的钻石黑和独特的合金车轮所吸引，但真正独特的地方还是在车内。迷你Inspired by Goodwood限产1000辆，它除了装有氙气前照灯和高质量音响系统，而且还采用了最好的真皮和胡桃木装饰。作为一辆终极迷你，它很难被打败。

↑ 迷你 Inspired by Goodwood 特别版看起来特别炫目。

↓ 内饰也是非常奢华。

## ALL4系统

ALL4系统是一种电子控制全轮驱动系统，它能根据道路条件向前后轴分配转矩，现在很多迷你车型都能使用这套系统。由于采用了紧凑轻量化设计，使用这套系统的车型比前轮驱动车型在油耗和尾气排放等方面只有轻微的增加。发动机提供的动力通过变速器输送给前轴差速器；一个集成单级动力输出锥齿轮会将动力转移并传递到后轴的传动轴上。后轴差速器会通过一个悬架式离合器连续不断地处理传输来的动力。如果必要，悬架式离合器可以通过油泵的方式在一秒钟内将转矩传输给后轮。行驶动态稳定系统（DSC）能连续不断地计算前后轮的理想动力分配，因此

汽车完全能够对道路条件做出快速精准的反应。需要考虑的参数不仅是车轮转速以及目前的纵向和横向加速度，还有车速、加速状态、发动机转矩、转向角度以及DSC系统设置和车型现在的行驶模式。基于这些数据，ALL4系统能计算出车轮打滑的风险，并预先防止任何牵引力损失、转向过度和转向不足。前轴差速器还装有一个电子锁，标准的电子差速锁控制（EDLC）能通过选择制动的方式改善在弯曲道路上的牵引力。当DSC模式关闭时，它能将牵引力传送到弯道外侧前轮，防止内侧前轮打滑。

⬇ ALL4 系统的布局和运转图。它是在第一代 Countryman 车型上第一次使用的。

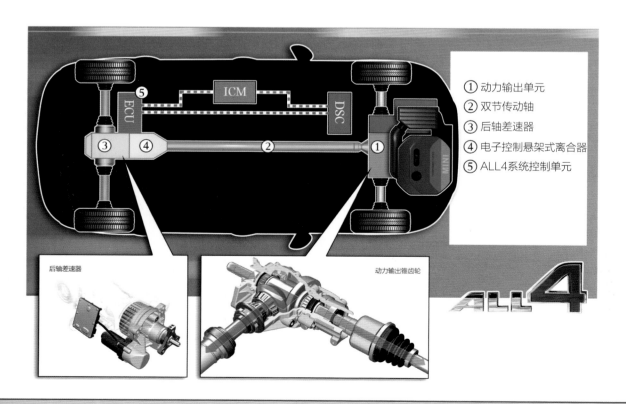

① 动力输出单元
② 双节传动轴
③ 后轴差速器
④ 电子控制悬架式离合器
⑤ ALL4系统控制单元

后轴差速器

动力输出锥齿轮

↑ 第一辆量产插电式混合动力迷你汽车，仅依靠电力它能行驶25英里。

# 插电式混合动力

迷你以前曾尝试过电动汽车，在2008年生产了很少数量的迷你E，并将它作为电动技术的实验平台。但是在2016年秋天，公司宣布推出第一辆量产混合动力车型，作为新型 Countryman 系列的一部分。Cooper SE ALL4搭载了一台136马力1.5升三缸汽油发动机和一个88马力同步电机，两者一起能产生385牛·米的转矩。电机位于行李舱底板下部，燃料箱和7.6千瓦·时的锂离子蓄电池则位于后排座椅下部。Cooper SE ALL4利用家用电源耗时4.25小时，或利用专用充电电源耗时不到1小时就能充满电。它安装了六速自动变速器，并具有自动、最大和省电模式。只依靠电力，它能在78英里/时的速度下行驶25英里，油耗仅为134.5英里/加仑，二氧化碳排放量仅为49克/千米。

# 相关联系方式

迷你官网
www.mini.co.uk
牛津工厂媒体网站
www.instagram.com/miniplantoxford
牛津工厂官网
www.visit-mini.com

英国迷你俱乐部
www.britishminiclub.co.uk
英国汽车文化网站
www.bmh-ltd.com
英国汽车博物馆
www.britishmotormuseum.co.uk